新一代信息技术

李成勇　钟馨怡　赵友贵　卢瑛　编著

西南交通大学出版社
·成　都·

内容提要

本书根据新一代信息技术的架构，即物联网、移动互联网、云计算、大数据技术、智能算法、新一代移动通信技术等，以物联网技术为重点进行介绍。其中，第 1 章介绍了物联网的定义、发展历程，物联网的三大推动力及其知识体系，明确了物联网专业人才应该具备哪些知识；第 2 章介绍了物联网技术应用实例，以智慧城市、智慧校园、智能电网等为例，详细剖析了物联网的具体应用；第 3 章介绍了物联网的常用技术，包括物联网的结构层次，四大支撑技术（RFID 技术、WSN/ZigBee 技术、MEMS 技术、GPS 技术）等内容，从技术层面上剖析物联网技术；第 4 章介绍了物联网的信息处理与软件服务，即中间件。

前面 4 章围绕物联网技术展开，第 5 章介绍了大数据，从认识大数据、大数据特征、大数据相关技术等方面简要做了分析；第 6 章介绍了移动互联网，从移动互联网的定义、特点、互联形式等方面做了简要分析；第 7 章介绍了云计算，简要给出了云计算的定义，介绍了云计算的体系结构及相关解决方案；第 8 章介绍了下一代移动通信技术，从 5G 技术之路、5G 技术需求、5G 关键技术、5G 十大应用场景等方面做了简要分析。

图书在版编目（CIP）数据

新一代信息技术 / 李成勇等编著. —成都：西南交通大学出版社，2020.11

ISBN 978-7-5643-7788-5

Ⅰ. ①新… Ⅱ. ①李… Ⅲ. ①信息技术 Ⅳ. ①G202

中国版本图书馆 CIP 数据核字（2020）第 210229 号

Xinyidai Xinxi Jishu

新一代信息技术

李成勇　钟馨怡　赵友贵　卢瑛　编著

责任编辑　李鹏飞
封面设计　原谋书装

出版发行　西南交通大学出版社
（四川省成都市金牛区二环路北一段 111 号
西南交通大学创新大厦 21 楼）
邮政编码　610031
发行部电话　028-87600564　028-87600533
网址　http://www.xnjdcbs.com
印刷　成都中永印务有限责任公司

成品尺寸　185 mm × 260 mm
印张　9.75
字数　208 千
版次　2020 年 11 月第 1 版
印次　2020 年 11 月第 1 次
定价　36.00 元
书号　ISBN 978-7-5643-7788-5

课件咨询电话：028-81435775

前　言

信息经济时代已经到来。

习近平主席在 2014 年国际工程科技大会上的主旨演讲中提到：信息技术成为率先渗透到经济社会生活各领域的先导技术，将促进以物质生产、物质服务为主的经济发展模式向以信息生产、信息服务为主的经济发展模式转变，世界正在进入以信息产业为主导的新经济发展时期。

第十二届全国人民代表大会第三次会议上的《政府工作报告》也提到：制定“互联网+”行动计划，推动移动互联网、云计算、大数据、物联网等与现代制造业结合，促进电子商务、工业互联网和互联网金融健康发展。

“互联网+”是把互联网的创新成果与经济社会各领域深度融合，推动技术进步、效率提升和组织革新，提升实体经济创新力和生产力，形成更广泛的以互联网为基础设施和创新要素的经济社会发展新形态。在全球新一轮科技革命和产业变革中，互联网与各领域的融合发展具有广阔前景和无限潜力，已成为不可阻挡的时代潮流，正对各国经济社会发展产生着战略性和全局性的影响。积极发挥我国互联网已经形成的比较优势，把握机遇，增强信心，加快推进“互联网+”发展，有利于重塑创新体系、激发创新活力、培育新兴业态和创新公共服务模式，对打造大众创业、万众创新和增加公共产品、公共服务“双引擎”，主动适应和引领经济发展新常态，形成经济发展新动能，实现中国经济提质增效升级具有重要意义。

因此，新一代信息技术正在重点领域突破发展。

本书把新一代信息技术的相关方面都做了简要介绍，由于只是概论，某些知识点介绍有欠妥的地方，请各位读者批评指正。

编　者

2020.3

目 录

1 绪 论

1.1 物联网的定义

物联网自诞生以来便引起了巨大关注，被认为是继计算机、互联网、移动通信网之后的又一次信息产业浪潮。其理念是基于射频识别（RFID）、电子代码（EPC）等技术，在互联网的基础上构造一个实现全球物品信息实时共享的实物互联网，即物联网，如图 1.1 所示。

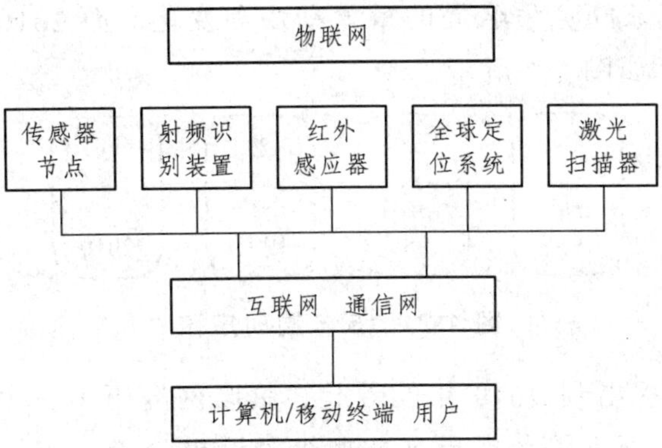

图 1.1 物联网的定义

Ashton 教授关于物联网的设想有两层意思：第一，物联网的核心和基础是互联网，是在互联网基础上延伸和扩展的网络；第二，其用户端延伸和扩展到了任何物体与物体之间，并进行信息交换和通信。

物联网的基本特征可简要概括为全面感知、可靠传送和智能处理，如表 1.1 所示。

表 1.1 物联网的三个特征

全面感知	利用射频识别、二维码、传感器等感知、捕获、测量技术随时随地对物体进行信息采集和获取
可靠传达	通过将物体接入信息网络，依托各种通信网络，随时随地进行可靠的信息交互和共享
智能处理	利用各种智能计算技术，对海量的感知数据和信息进行分析并处理，实现智能化的决策和控制

1.2 物联网的起源

回顾历史，不知是巧合还是有意，在大的危机之后，总会有新的行业诞生，来引领和支撑经济的复苏、发展，从而带动社会进入新的经济上升周期。

历史经验表明，全球性经济危机往往催生重大科技创新突破和科技革命。

前瞻全球现代化发展的图景，包括中国、印度在内的近三十亿人口追求小康生活和实现现代化的宏伟历史进程与自然资源供给能力和生态环境承载能力的矛盾日益凸显和尖锐，按照传统的大量耗费不可再生自然资源和破坏生态环境的经济增长方式，或沿袭少数国家以攫取世界资源为手段的发展模式都将难以为继。

从当今世界科技发展的态势看，奠定现代科技基础的重大科学发现基本发生在20世纪上半叶，“科学的沉寂”已达60余年，而技术革命的周期也日渐缩短。

纵观历史，1965年前后发生的变革以大型机为标志，1980年前后发生的变革以个人计算机的普及为标志，而1995年前后则发生了互联网革命，每一次的技术变革又都引起企业、产业甚至国家间竞争格局的重大动荡和变化。而2010年发生的变革极有可能出现在物联网领域，如图1.2所示。

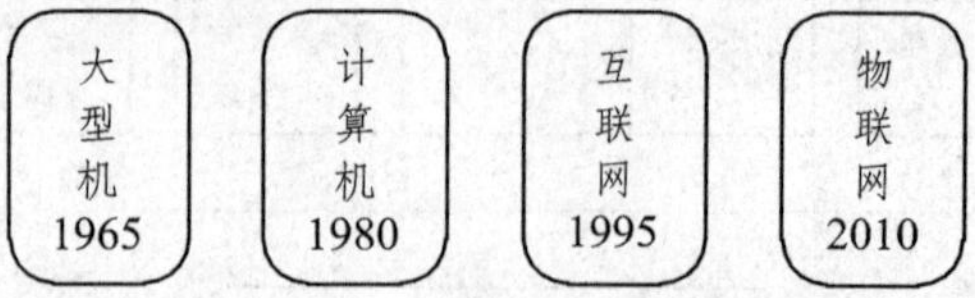

图 1.2 15年周期定律

从1999年概念的提出到2019年的崛起，物联网经历了三十年历程，特别是最近两年其发展极为迅速，不再停留在单纯的概念、设想阶段，而是逐渐成为国家战略、政策扶植的对象。表1.2列出了物联网发展历程中的关键点。

表 1.2 物联网发展历程中的关键点

2005年	国际电信联盟发布了《ITU 互联网报告 2005：物联网》，引用了“物联网”的概念，并且指出无所不在的“物联网”通信时代即将来临。然而，报告对物联网缺乏一个清晰的定义，但覆盖范围有了较大的拓展
2009年初	美国国际商业机器公司（即IBM）提出了“智慧的地球”概念，认为：信息产业下一阶段的任务是把新一代信息技术充分运用到各行各业之中，具体就是把传感器嵌入和装备到电网、铁路、桥梁、隧道、公路、建筑、供水系统、大坝、油气管道等各种物体中，并且将其普遍连接，形成物联网
2009年6月	欧盟委员会向欧盟议会、理事会、欧洲经济和社会委员会及地区委员会递交了《欧盟物联网行动计划》，其目的是希望欧洲通过构建新型物联网管理框架来引领世界“物联网”的发展
2009年8月	日本提出“智慧泛在”构想，将传感网列为国家重要战略，致力于一个个性化的物联网智能服务体系

续表

2009 年 8 月	温家宝来到中科院无锡研发中心考察，指出关于物联网可以尽快去做的三件事情：一是把传感系统和 3G 中的 TD 技术结合起来；二是在国家重大科技专项中，加快推进传感网发展；三是尽快建立中国的传感信息中心，或者叫"感知中国"中心
2009 年 10 月	韩国通信委员会通过《物联网基础设施构建基本规划》，将物联网确定为新增长动力，树立了"通过构建世界最先进的物联网基础设施，打造未来广播通信融合领域超一流信息强国"的目标
2010 年 3 月	温家宝在政府工作报告中，将"加快物联网的研发应用"明确纳入重点产业振兴计划中，表明物联网已经被提升为国家战略，中国开启物联网元年
2012 年	工业和信息化部、科学技术部、住房和城乡建设部再次加大了支持物联网和智慧城市方面的力度
2013 年	谷歌智能眼镜的发布是物联网和可穿戴技术的革命性进步
2014 年	亚马逊发布 Echo 智能音箱，为进军智能家居中心市场铺平道路。也是在这一年，工业物联网标准联盟成立，也间接表明物联网具有改变任何制造和供应链流程运作方式的潜力
2017— 2019 年	物联网的发展变得更便宜、更容易、更被广泛接受，从而引发了整个行业的创新浪潮。自动驾驶汽车在不断完善，区块链和人工智能已经开始融入物联网平台，智能手机/宽带普及率的提升将继续让物联网成为未来有吸引力的价值主张

1.3 物联网的三大推动力

1.3.1 第一大推动力：政府

1998 年 1 月 31 日，美国副总统戈尔在加利福尼亚科学中心做了题为《数字地球：展望 21 世纪我们这颗行星》的长篇演讲。他在这篇演讲中首次提到并系统阐述了"数字地球"这个新概念，其构想如图 1.3 所示。

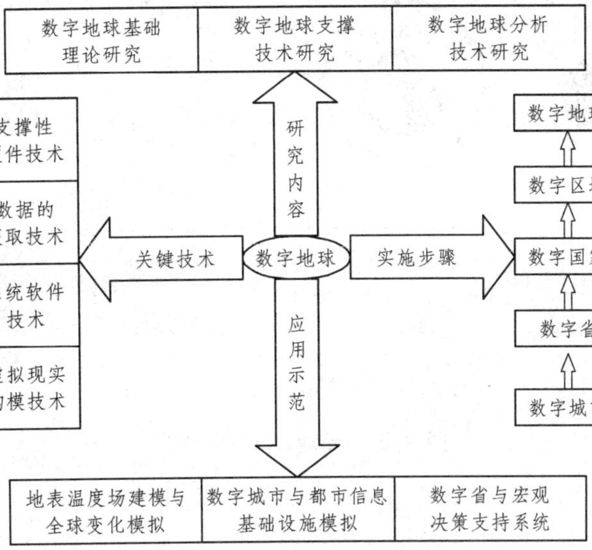

图 1.3 数字地球构想

1.3.2 第二大推动力：企业

“智慧”的理念在各行各业得到极大发展，智慧地球的应用领域如图 1.4 所示。

图 1.4 智慧地球应用领域

2008 年，IBM 提出的“智慧地球”发展战略（见图 1.5），受到美国政府的高度重视。

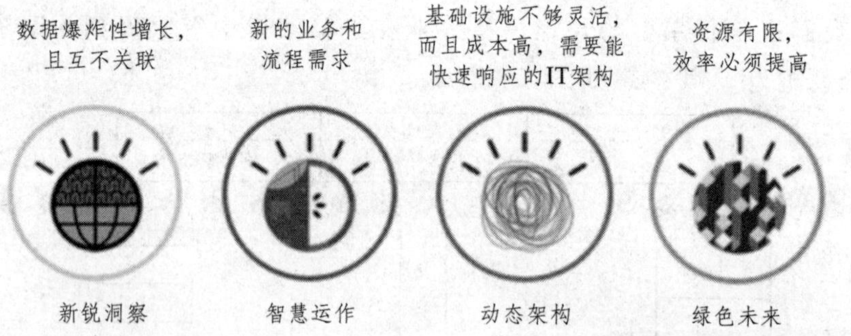

信息决策运行	信息架构	智慧SOA基础平台	动态商业流程	智慧协作	虚拟结合	服务管理	绿色IT

IBM的SP图解，可以看做是一个企业理想的IT和动作模型与最终的效果，它需要有新锐的洞察、智慧的运作和动态的架构，并最终让我们拥有绿色的未来

图 1.5 智慧地球的构成

1.4 物联网的知识体系

物联网分为软件、硬件两大部分。软件部分即为物联网的应用服务层，包括应用、支撑两部分。

物联网体系框架如表 1.3 所示。

表 1.3 物联网体系框架

要素	感知控制层	网络传输层	应用服务层
主要技术	EPC 编码和 RFID 射频识别技术	无线传感器网络、PIC、蓝牙、Wi-Fi、现场总线	云计算技术、数据融合与智能技术、中间件技术
知识点	EPC 编码的标准和 RFID 的工作原理	数据传输方式、算法、原理	云连接、云安全、云存储、知识表达与获取、智能 Agent
知识单元	产品编码标注、RFID 标签、阅读器、天线、中间件	组网技术、定位技术、时间同步技术、路由协议、MAC 协议、数据融合	数据库技术、智能技术、信息安全技术
知识体系	通过对产品按照合适的标准进行编码来实现对产品的辨别，通过射频识别技术完成对产品的信息读取、处理和管理	技术框架、通信协议、技术标准	云计算系统、人工智能系统、分布智能系统
软件（平台）	RFID 中间件（产品信息转换软件、数据库等）	NS2、IAR、KEIL、Wave	数据库系统、中间件平台、云计算平台
硬件（平台）	RFID 应答器、阅读器，天线组成的 RFID 系统	CC2430、EM250、JENNICLTD、FREESCALE BEE	个人计算机和各种嵌入式终端
相关课程	编码理论、通信原理、数据库、电子电路	无线传感器网络简明教程、电力线通信技术、蓝牙技术基础、现场总线技术	微机原理与操作系统、计算机网络、数据库技术、信息安全

按照一般工程专业划分，物联网工程可分为三大知识领域：通识基础类知识领域、综合管理类知识领域和专业技术类知识领域。本书重点讨论物联网工程专业技术类知

识领域，并进一步分析其关键知识点。

物联网工程专业知识体系如图 1.6 所示。

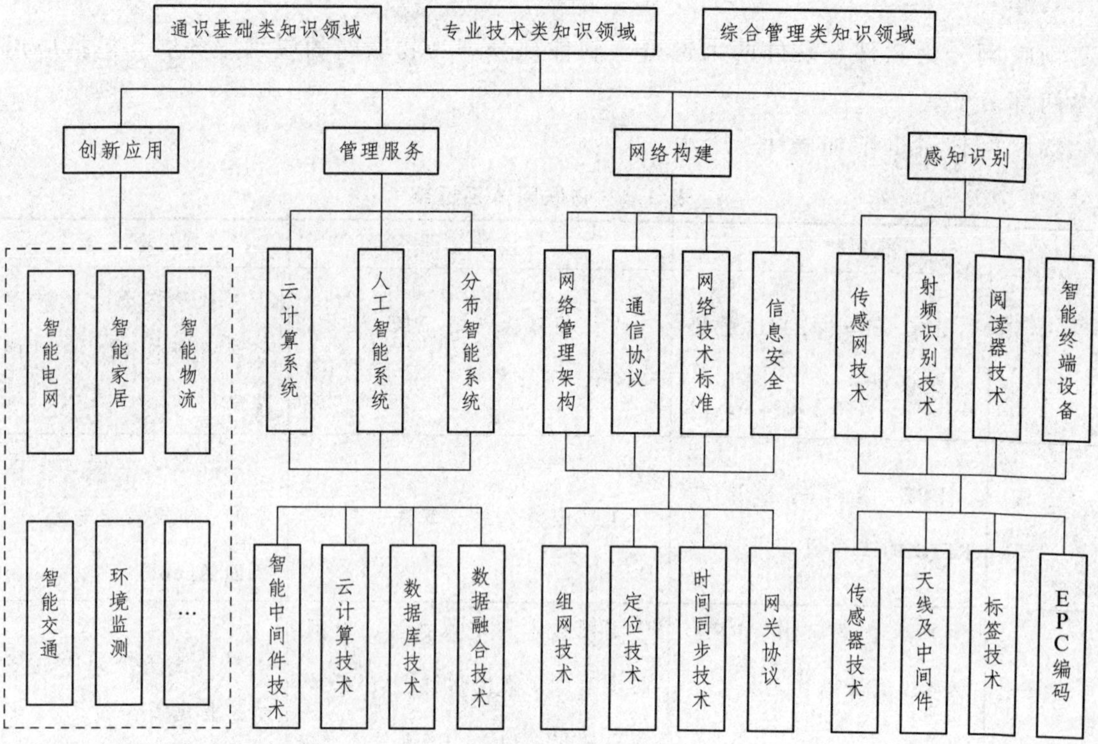

图 1.6 物联网工程专业知识体系

1.4.1 物联网工程知识领域

物联网工程专业涉及以下三个知识领域。

（1）通识基础类知识领域。

（2）综合管理类知识领域。

（3）专业技术类知识领域。

三个知识领域的名称和内容如表 1.4 所示。

表 1.4 工程专业知识领域

知识领域名称	内容	课程学时比例
通识基础类知识领域	思政课程、英语、计算机等	20%
专业技术类知识领域	专业基础课程，必修和选修课程等	70%
综合管理类知识领域	经济与管理、职业道德教育等	10%

1.4.2 物联网工程知识模块

物联网工程专业技术类知识领域主要涵盖四个知识模块，包括感知识别、网络构建、管理服务和创新应用。具体内容如表 1.5 所示。

表 1.5 专业知识模块

知识模块名称	内容
感知识别	由数据采集子层、短距离通信技术和协同信息处理子层组成。数据采集包括传感器、RFID、多媒体信息采集、二维码和实时定位等技术，涉及各种物理量、标识、音频和视频多媒体数据。通过短距离通信技术和协同信息处理子层将采集到的数据在局部范围内进行协同处理，以提高信息的精度，降低信息冗余度，并通过自组织能力的短距离传感网接入广域承载网络
网络构建	将来自感知层的各类信息通过基础承载网络传输到应用层，包括移动通信网、互联网、卫星网、广电网、行业专网及形成的融合网络等。涉及传感网技术、通信协议等技术单元
管理服务	由云计算、引擎等数据存储、分析、处理系统等组成，在高性能计算和海量存储技术的支撑下，管理服务层将大规模数据高效、可靠地组织起来，为上层行业应用提供智能的支撑平台
创新应用	主要将物联网技术与行业专业系统相结合，实现广泛的物物互连的应用解决方案，主要包括业务中间件和行业应用领域

1.4.3 物联网工程知识单元

物联网工程专业涵盖的知识单元较多，其中感知识别模块主要包括四个知识单元：传感网技术、射频识别技术、阅读器技术和智能设备。

物联网工程专业主要知识单元如表 1.6 所示。

表 1.6 物联网工程专业知识单元

传感网技术	传感网技术作为信息获取的重要核心技术，以其自动识别、安全可靠和可以动态跟踪的特点，实现真正物与物对话的应用
射频识别技术	射频识别技术是一项利用射频信号的空间耦合（交变磁场或电磁场）实现无接触信息传递并通过所传递的信息达到识别目的的技术
阅读器技术	阅读器适用于快速、简便的系统集成，且性能可靠、功能齐全、安全性高，由实时处理器、操作系统、虚拟移动内存和一个小型的内置模块组成

续表

智能终端设备	智能终端设备是指那些具有多媒体功能的智能设备。这些设备支持音频、视频、数据等方面的功能，如可视电话、会议终端、PDA 等
网络技术框架	内容包括：网络管理概述、网络管理观点、网络管理构件块、应用网络管理
通信协议	通信协议是指双方实体完成通信或服务所必须遵循的规则和约定。协议定义了数据单元使用的格式，信息单元应该包含的信息与含义，连接方式，信息发送和接收的时序，从而确保网络中的数据顺利地传送到确定的地方
技术标准	技术标准是指重复性的技术事项在一定范围内的统一规定。标准能成为自主创新的技术基础，源于标准制定者拥有标准中的技术要素、指标及其衍生的知识产权
信息安全	信息安全包括的范围很大，网络环境下的信息安全体系是保证信息安全的关键，包括计算机安全操作系统、各种安全协议、安全机制（数字签名、信息认证、数据加密等），直至安全系统，其中任何一个安全漏洞都可威胁全局安全
云计算系统	云计算操作系统是云计算后台数据中心的整体管理运营系统，它是指构架于服务器、存储、网络等基础硬件资源和单机操作系统、中间件、数据库等基础软件来管理海量的基础硬件、软资源之上的云平台综合管理系统
人工智能系统	人工智能系统是指通过了解智能的实质，构造出一种新的能以人类智能相似的方式做出反应的智能系统，部分替代或辅助人类工作

1.4.4 物联网工程知识点

物联网工程主要有以下关键知识点：EPC 编码、标签技术、天线及中间件、传感器技术、网关协议、时间同步技术、定位技术、组网技术、数据融合及数据库技术、云计算技术和智能中间件技术等，如表 1.7 所示。

表 1.7 物联网工程知识点

EPC 编码	EPC 编码的目标是提供对物理世界对象的唯一标识。它通过计算机网络来标识和访问单个物体，就如在互联网中使用 IP 来标识、组织和通信一样
标签技术	标签技术是一项利用射频信号的空间耦合来实现无接触信息传递并通过所传递的信息达到识别目的的技术
天线及中间件	天线及中间件把传输线上传播的导行波变换成在无界媒介中传播的电磁波，或者进行相反的变换

续表

传感器技术	传感器是指能感受规定的被测量，并按照一定的规律转换成可用输出信号的器件或装置
网关协议	网关在传输层上以实现网络互联，是最复杂的网络互联设备，既可以用于广域网互联，也可以用于局域网互联，使用在不同的通信协议、数据格式或语言，甚至体系结构完全不同的两种系统之间，大多数网关运行在OSI七层协议的顶层——应用层
时间同步技术	目前有多种时间同步技术，每一种技术都各有特点，不同技术的时间同步精度也存在较大的差异，如长、短波授时等
定位技术	目前的定位技术包括GPS、基站定位以及网络混合定位等
组网技术	组网技术就是网络组建技术，分为以太网组网技术和ATM局域网组网技术。以太网组网非常灵活和简便，可使用多种物理介质，以不同拓扑结构组网，已成为网络技术的主流
数据融合及数据库技术	数据库技术是一种计算机辅助管理数据的方法，它研究如何组织和存储数据，如何高效地获取和处理数据，通过研究数据库的结构、存储、设计、管理以及应用的基本理论和实现方法，不同类型、结构的数据汇总分析，并利用这些理论来实现对数据库中的数据进行处理、分析和理解的技术
云计算技术	云计算技术是分布式计算技术的一种，透过网络将庞大的计算处理程序自动分拆成无数个较小的子程序，再交由多部服务器所组成的庞大系统经搜寻、计算分析之后将处理结果回传给用户
智能中间件技术	智能中间件屏蔽了底层操作系统的复杂性，减少了程序设计的复杂性，从而大大减少了技术上的负担。智能中间件缩短了开发周期，减少了系统的维护、运行和管理的工作量，还降低了计算机总体费用的投入

1.5 中国国家“战略性新兴产业”解析

（1）抓住机遇，加快培育和发展战略性新兴产业。

（2）坚持创新发展，将战略性新兴产业加快培育成为先导产业和支柱产业。

（3）立足国情，努力实现重点领域快速健康发展。

（4）强化科技创新，提升产业核心竞争力。

（5）积极培育市场，营造良好市场环境。

（6）深化国际合作，提高国际化发展水平。

（7）加大财税金融政策扶持力度，引导和鼓励社会投入

（8）推进体制机制创新，加强组织领导。

2 物联网技术应用实例

2.1 智慧城市

2.1.1 智慧城市概述

智慧城市是新一代信息技术支撑、知识社会创新环境下的城市形态，基于物联网、云计算等新一代信息技术，以及社交网络、综合集成法等工具和方法的应用，营造有利于创新涌现的生态，实现全面透彻的感知、宽带泛在的互联、智能融合的应用以及以用户创新、开放创新、大众创新、协同创新为特征的可持续创新。

2.1.2 智慧城市

随着传感网等互联互通新技术的应用，城市信息化正向着智能化演进。图 2.1 展示了智慧城市的几个基本应用。

图 2.1 智慧城市概况

1. 什么是智慧城市

（1）智慧基础设施。

（2）智慧政府。

（3）智慧公共服务。

（4）智慧产业。

（5）智慧人文。

智慧城市的全景图如图 2.2 所示。

图 2.2 智慧城市全景图

2. 智慧城市的架构

1）智慧城市整体架构

智慧城市的构架可以分为四个部分：感知层、网络层、平台层、应用层，如图 2.3 所示。可以用一个人体模型来比喻智慧城市的整体架构，如图 2.4 所示。

无线传感网是指把随机分布的集成有传感器、数据处理单元和通信单元的微小节点，通过自组织的方式构成无线网络。无线传感网主要通过遥感、地理信息系统、导航定位、通信、高性能计算等高新技术对城市各方面的信息进行数据采集和智能感知，将得到的信息通过网络传递到高性能计算机中进行处理，如图 2.5 所示。

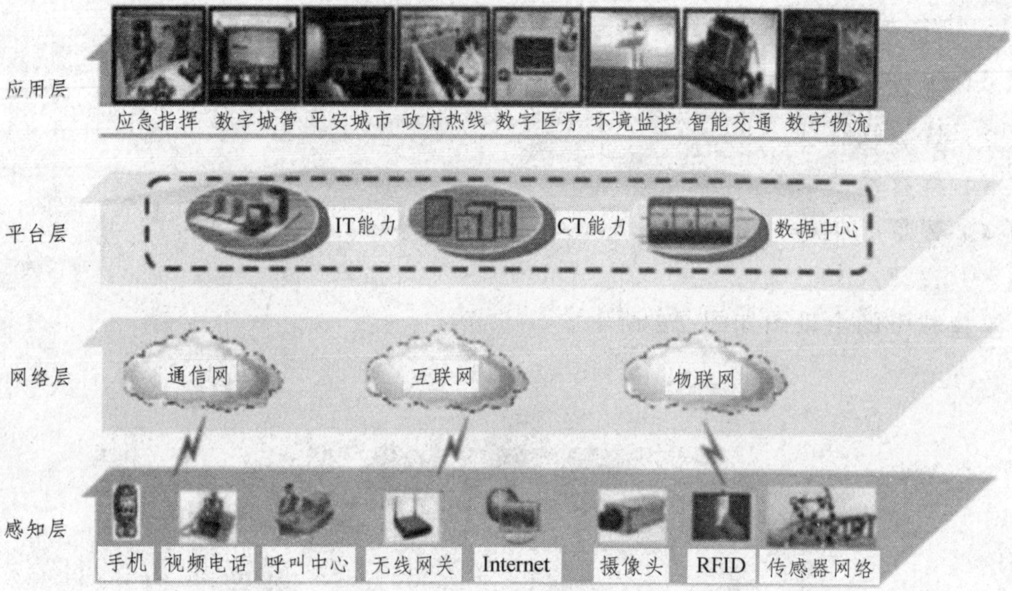

图 2.3 智慧城市整体框架

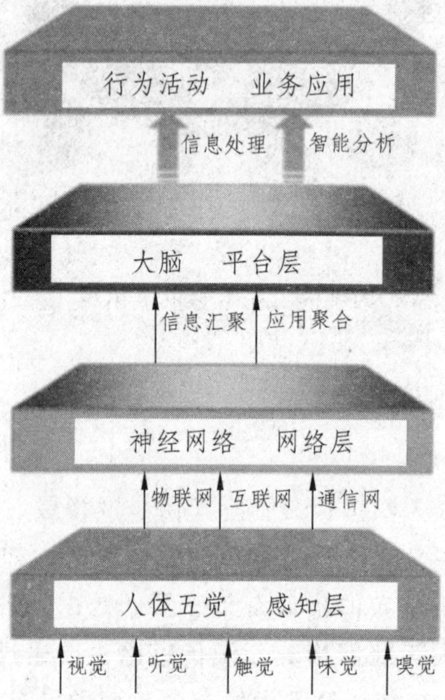

图 2.4 基于人体模型的智慧城市架构

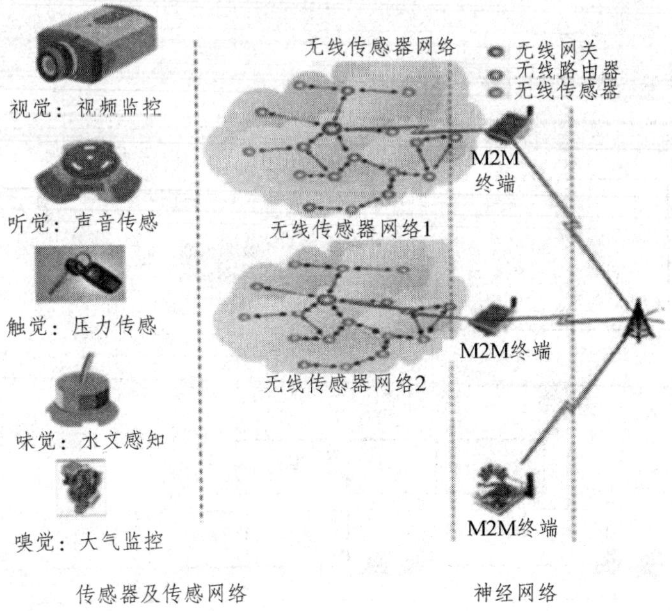

图 2.5 无线传感网示意图

神经网络即网络层，如图 2.6 所示。

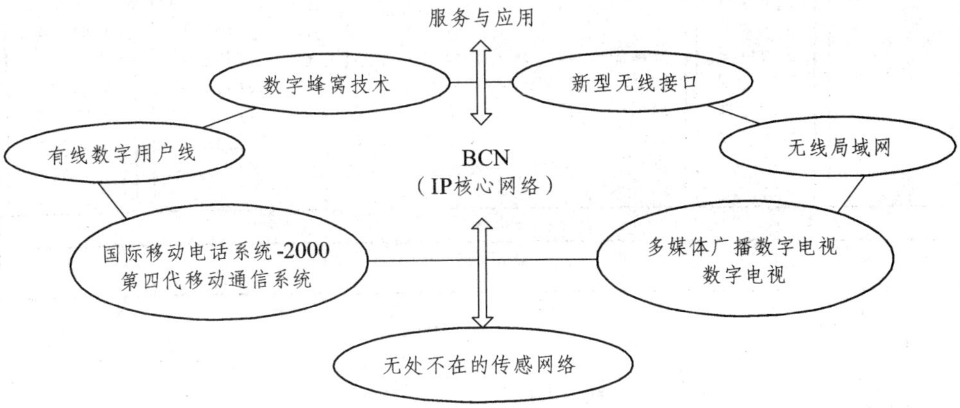

图 2.6 智慧城市的神经网络

2）智慧城市平台架构

智慧城市平台的一般架构如图 2.7 所示。

智慧城市平台主要基于面向服务（SOA）的 ICT（Information Communication Technology，信息与通信技术）集成框架来实现智慧城市。ICT 就是通过信息与通信技术，用以满足“客户综合信息化需求”的一揽子解决方案，包括通信、信息收集、发布、传感、自动化等各个方面。

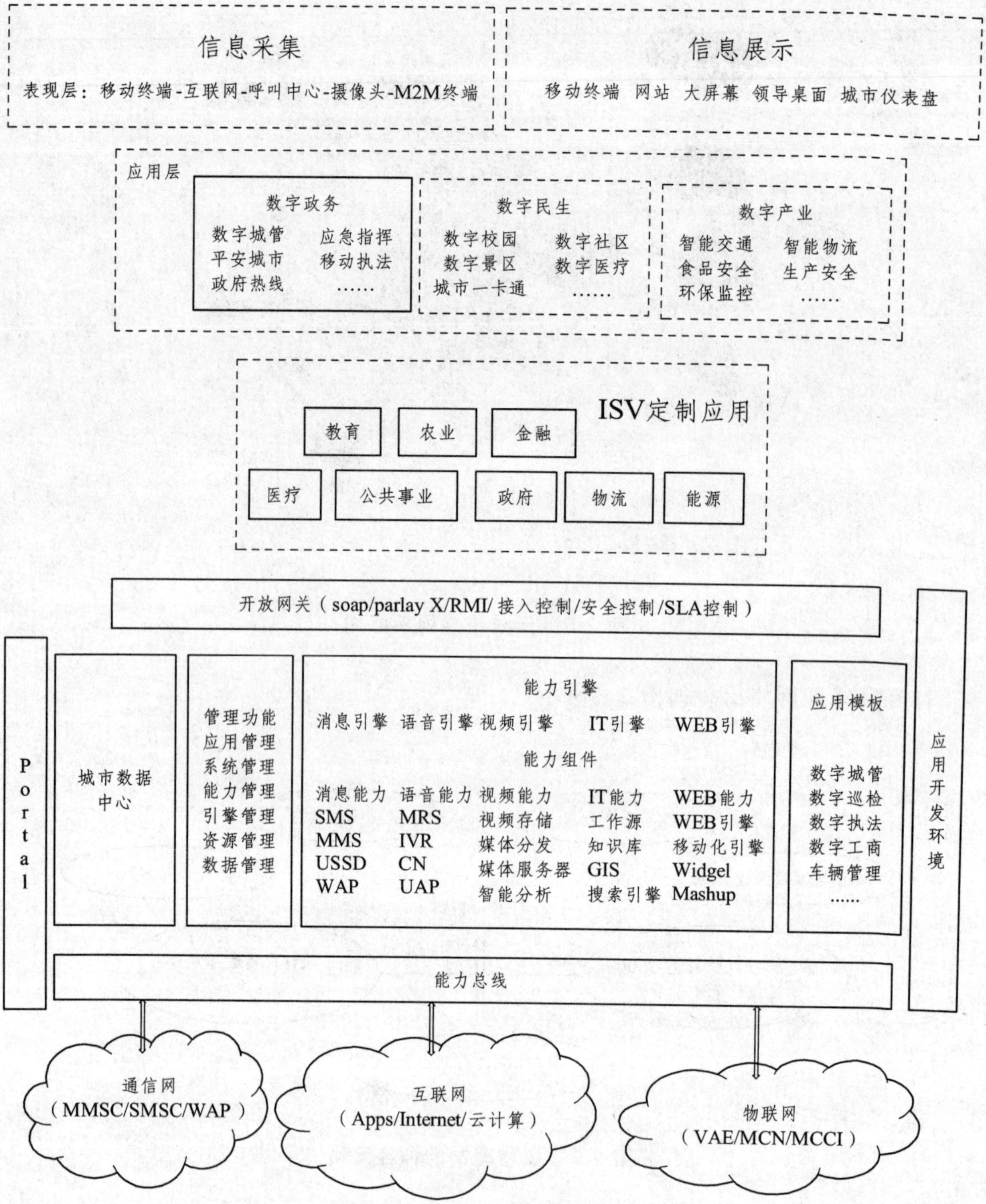

图 2.7 智慧城市平台架构

2.1.3 物联网与智慧城市

智慧城市是一个有机结合的大系统，涵盖了更透彻的感知、更全面的互联、更深入的智能。其中，物联网是智慧城市中非常重要的元素，它支撑着整个智慧城市系统。

物联网与智慧城市的关系如图 2.8 所示。

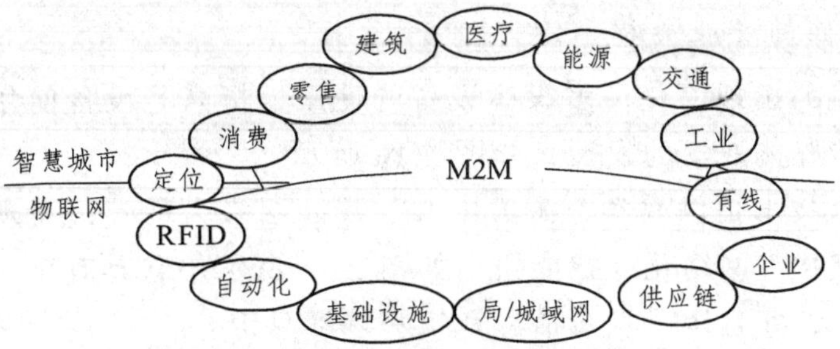

图 2.8　物联网与智慧城市的关系

物联网与智慧城市最直观的联系就是 M2M。M2M（Machine/Man to Machine/Man）是一种以机器智能交互为核心的、网络化的应用与服务。图 2.9 描述了智慧城市中 M2M 终端的应用。

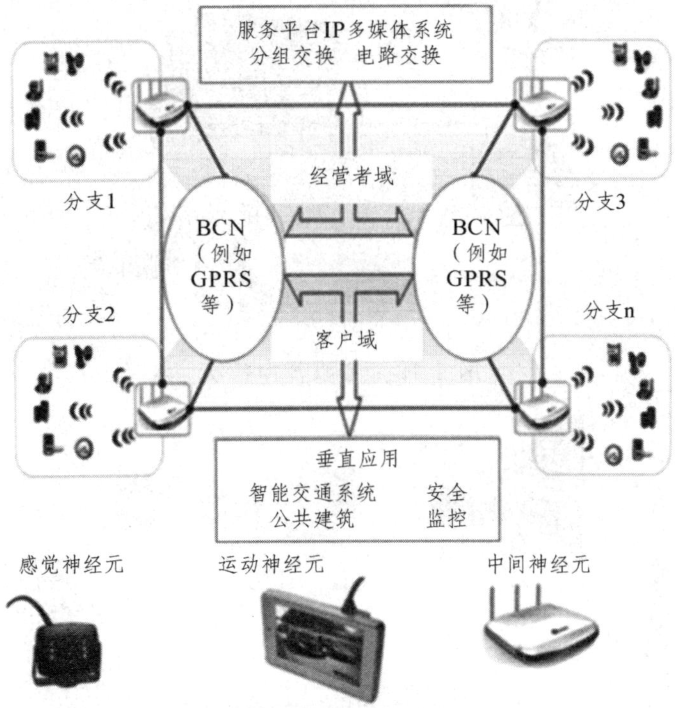

图 2.9　智慧城市中 M2M 终端的应用

2.2　智慧校园

2.2.1　智慧校园概述

智慧校园的建设旨在提高校园信息服务和应用的质量与水平，建立一个开放的、创新的、协作的和智能的综合信息服务平台。

1. 数字化校园的发展历程

多媒体中控机的出现简化了多媒体设备的使用，提高了设备使用寿命，增强了教学效果，加快了多媒体教学的发展，如图 2.10 所示。

信息平台融合技术是以教学资源为中心、校园网络为基础，实现校园综合信息平台的可视化、数字化、网络化、智能化，如图 2.11 所示。它具有统一的教学平台、管理平台、数据平台，并且统一发布信息和统一认证身份。

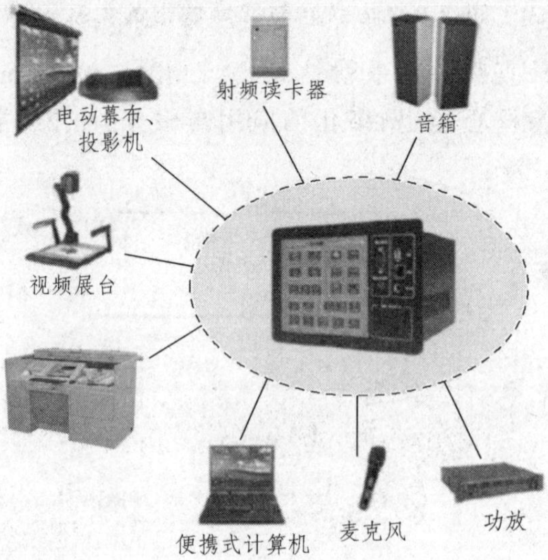

图 2.10 多媒体中控机

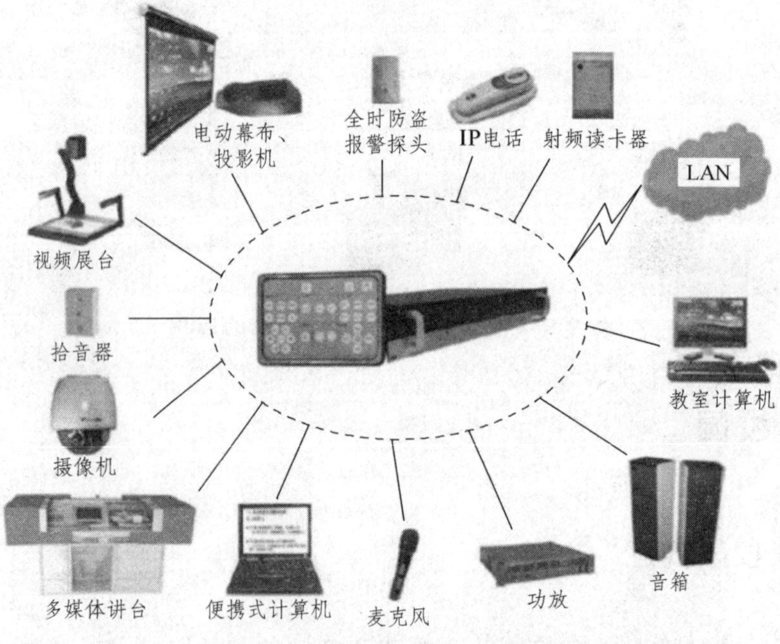

图 2.11 信息平台融合技术

2. 什么是智慧校园

智慧校园是以物联网为基础，以各种应用服务系统为载体而构建的教学、科研、管理和校园生活为一体的新型智慧化的工作、学习和生活环境。它利用先进的信息技术手段，实现基于数字环境的应用体系，使得人们能快速、准确地获取校园中人、财、物和学、研、管业务过程中的信息，同时通过综合数据分析为管理改进和业务流程再造提供数据支持，推动学校进行制度创新、管理创新，最终实现教育信息化、决策科学化和管理规范化；通过应用服务的集成与融合来实现校园的信息获取、信息共享和信息服务，从而推进智慧化的教学、智慧化的科研、智慧化的管理、智慧化的生活以及智慧化的服务的实现进程。智慧校园的发展历程如图 2.12 所示。

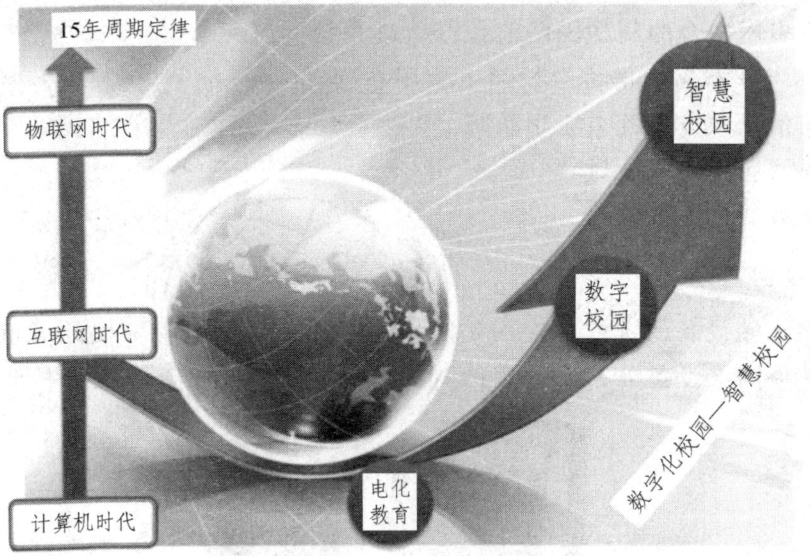

图 2.12　智慧校园的发展历程

2.2.2　智慧校园的架构与技术核心

智慧校园的架构分为三个方面：网络环境、数据环境（云计算环境）、物联环境（即拥有一个系统接入——支持各种智能终端、设施、设备联网的环境）。

1. 智慧校园的网络环境

智慧校园的网络环境主要分为：接入网，方便师生上互联网；教学网，支撑教学活动；科研网，支撑科研活动；资源网，支撑资源汇聚和传播活动；智能网，支撑和谐、生态校园建设。

2. 智慧校园的数据环境

智慧校园的数据环境主要采用云计算环境，因为云计算服务平台可使量化、科学的决策成为可能。

3. 智慧校园的物联环境

物联感知系统是整个智慧校园中最可见的一部分，该系统利用传感器、采集器、RFID、二维码、视频监控等感知技术和设备来实现校园环境管理的数字化。

4. 智慧校园的技术方法

信息系统是一个提供全面信息服务的人机交互系统，信息应用系统的功能是通过服务来体现的。

（1）信息规范与标准。

（2）统一的基础设施平台。

（3）共享数据库平台。

（4）基于多网融合的新型网络监控与管理系统。

（5）IC 卡与手机融合的综合校园卡应用系统。

（6）面向信息服务的各类应用系统。

（7）物联网应用体验项目。

（8）三维可视化虚拟校园。

5. 智慧校园终端

智慧校园终端设备的选取和应用是多样的，如智能手机、平板计算机以及专用的手持终端和其他网络设备等，如图 2.13 所示。

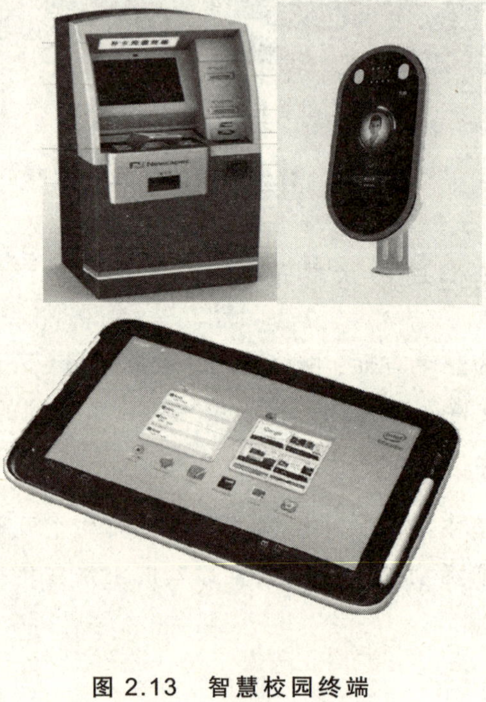

图 2.13　智慧校园终端

图 2.14 所示为智慧校园应用平台。

图 2.15 所示为智能教室的各相关系统组成。

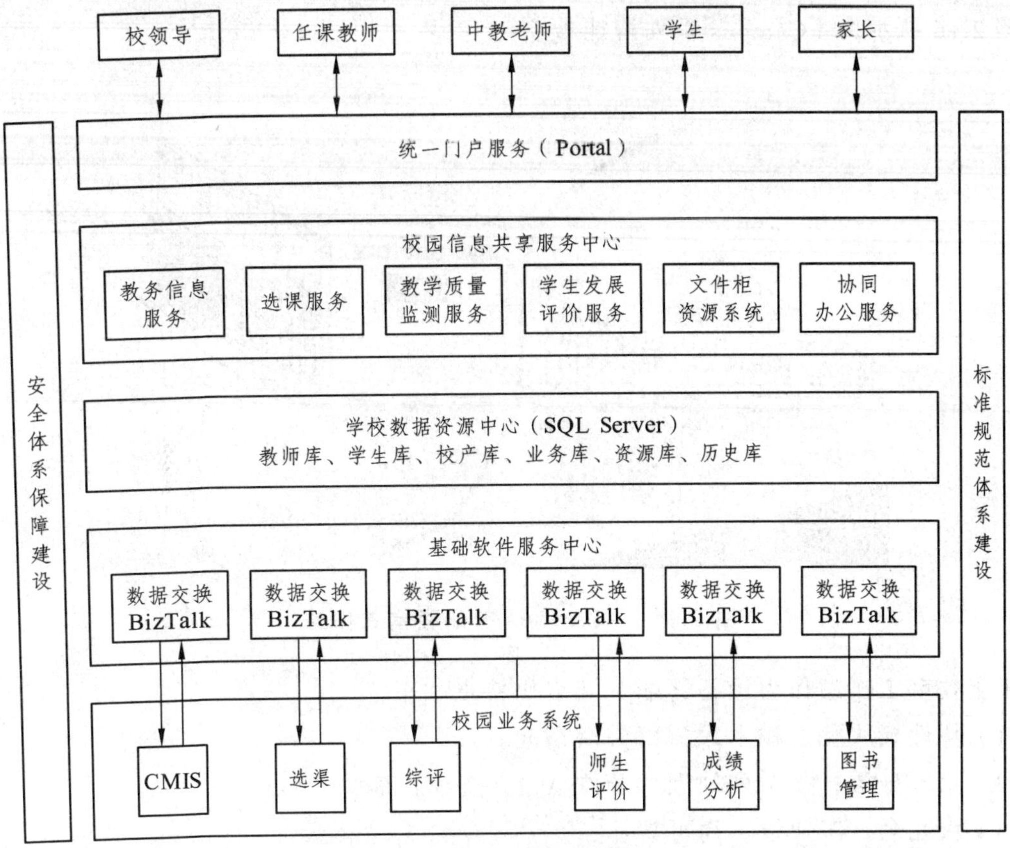

图 2.14　智慧校园应用平台

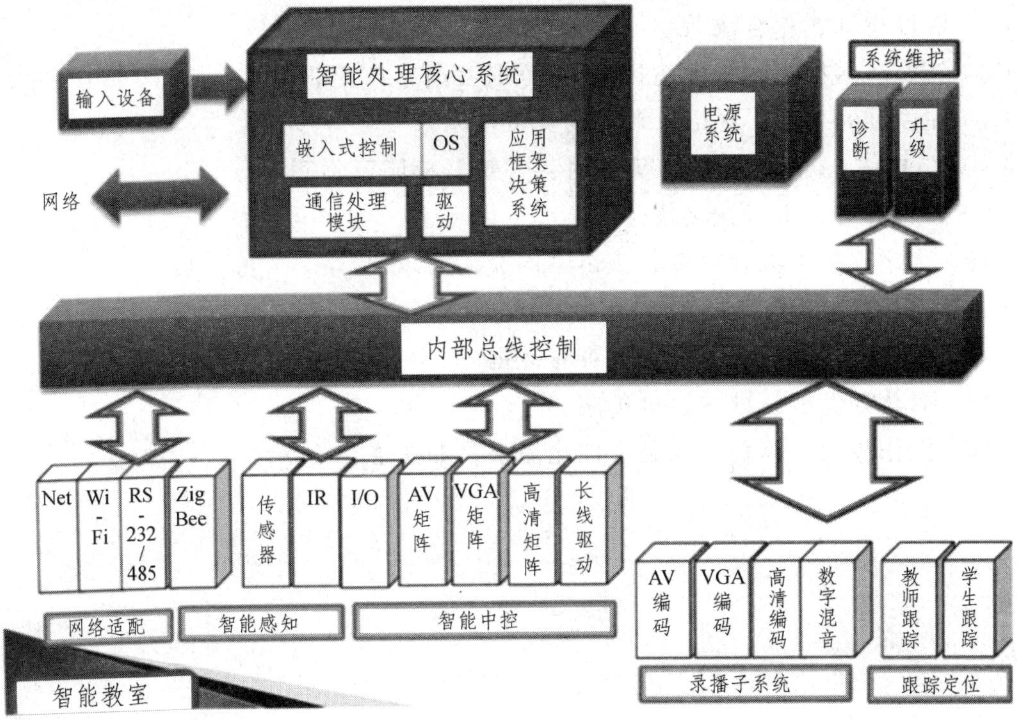

图 2.15　智能教室

图 2.16 所示为 i Campus 系列智能教室工作站。

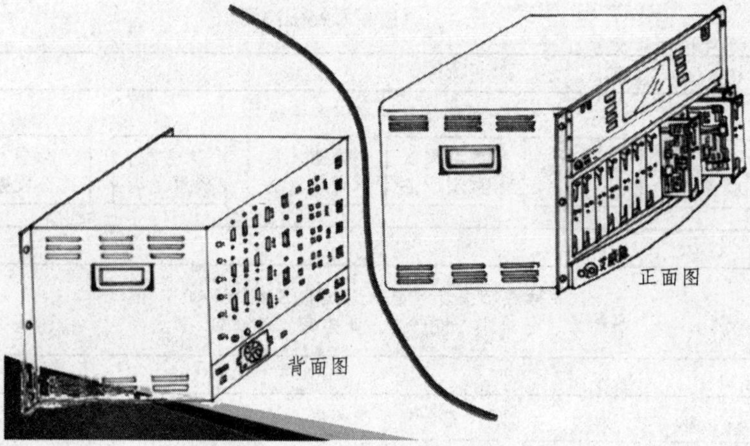

图 2.16 i Campus 智能教室工作站

智能教室工作站作为设备终端，其工作特点如下。

（1）硬件模块化、积木式，可灵活搭配。

（2）软件分层，多队列处理，开放 API，持续扩展。

（3）双冗余，工业级，高可靠。

（4）设计新理念，智能与控制分离，高工作效率。

（5）深度感知，综合决策。

（6）符合《多媒体教学环境标准》，互联互通，广泛兼容。

（7）IEEE 802.11N，支持未来无线宽带校园。

（8）ZigBee、3G/4G 模块，无缝对接“智慧校园”物联网。

（9）远程升级，无后顾之忧。

（10）数字、模拟混合存在，满足不同应用需求。

（11）无线宽带、有线 1 000 Mb/s，光纤传输可选。

（12）全面记录运行日志，提供可靠数据。

（13）简化开发，易维护，可扩展。

（14）操作界面可编程，满足个性化需求，如图 2.17 所示。

图 2.17 i Campus 可编程操作界面

2.2.3 智慧校园的深化应用

（1）无线设备管理平台。

无线设备管理平台的界面如图 2.18 所示。

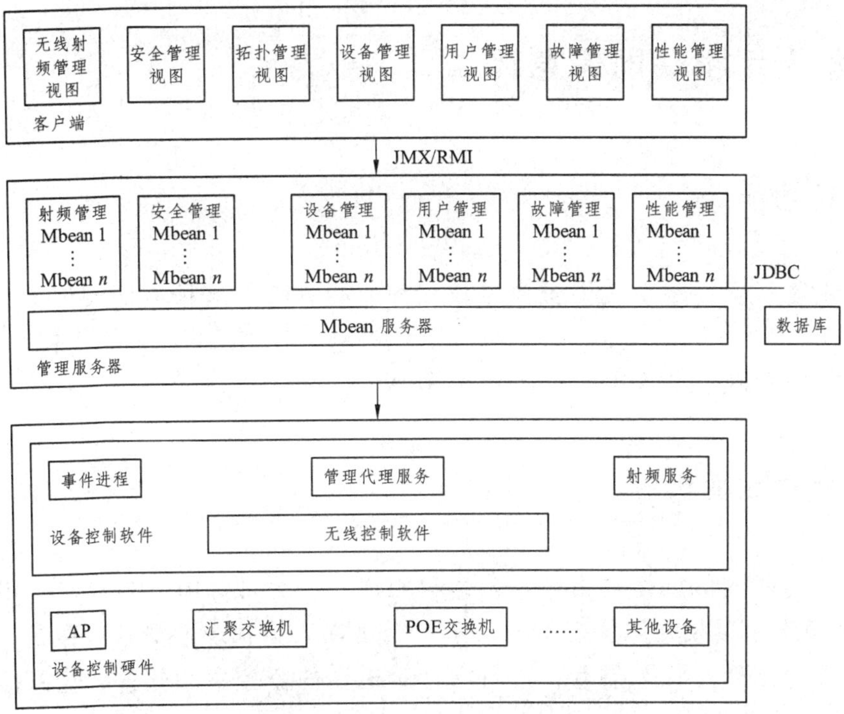

图 2.18 无线设备管理平台

（2）实训室设备管理。

（3）地磁感应车辆防盗系统。

图 2.19 所示为地磁感应车辆防盗系统。

图 2.19 地磁感应车辆防盗系统

2.3 老年人用物联网信息终端

2.3.1 系统功能

老年人用物联网终端系统就是要寻找一种监测方法，这种方法要简单实用，且易于推广。

老年人用物联网信息终端构成如图 2.20 所示。

2.3.2 系统整体架构

老年人用物联网信息终端由以下几部分组成：一个 ZigBee 协调器，用于初始化 ZigBee 无线网络和接收人体状态信息；若干个终端人体状态监测仪，佩戴于被监测人的腰部，用于检测发送状态信息；运行在计算机端的监控中心软件，显示被监测对象的人体状态信息。

老年人用物联网信息终端整体架构如图 2.21 所示。

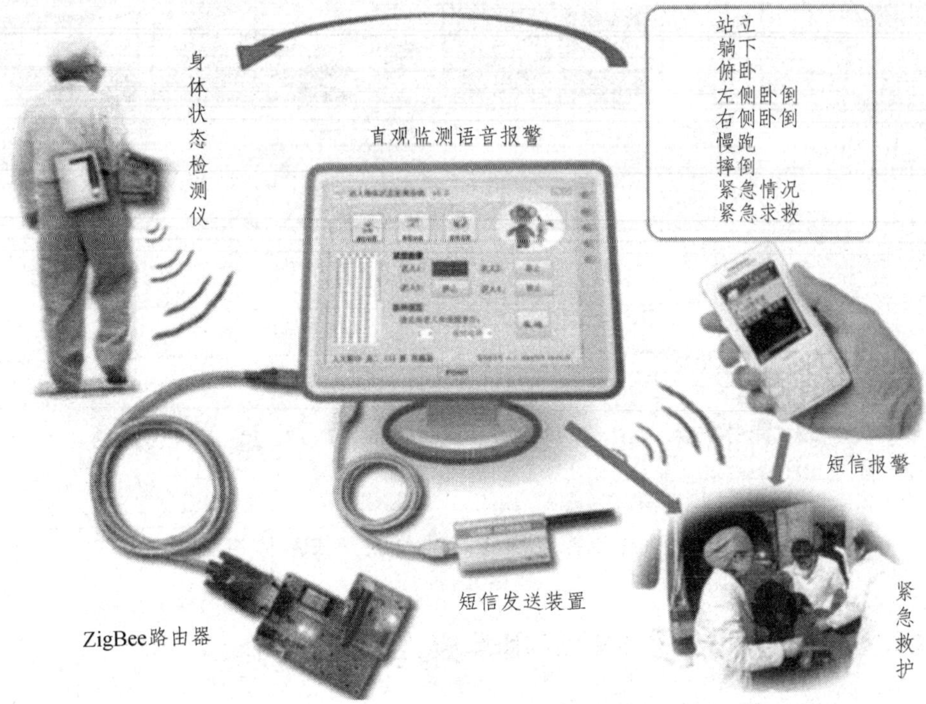

图 2.20 老年人用物联网信息终端构成图

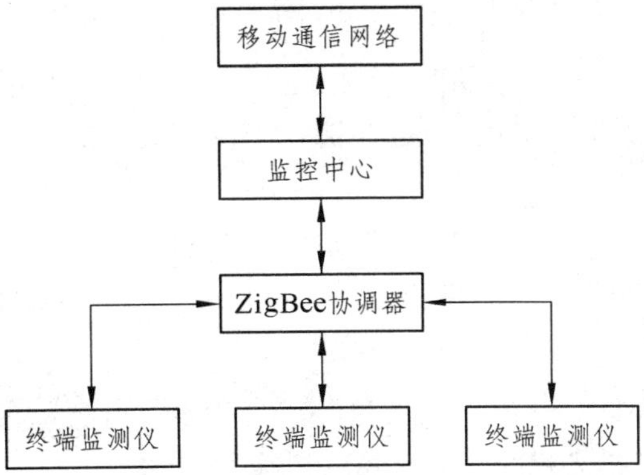

图 2.21 老年人用物联网信息终端整体架构

2.4 智能电网

2.4.1 物联网与智能电网

物联网与智能电网作为具有战略意义的高新技术和新兴产业，已引起世界各国的高度重视。

融合智能电网应用的物联网三层体系架构如图 2.22 所示。

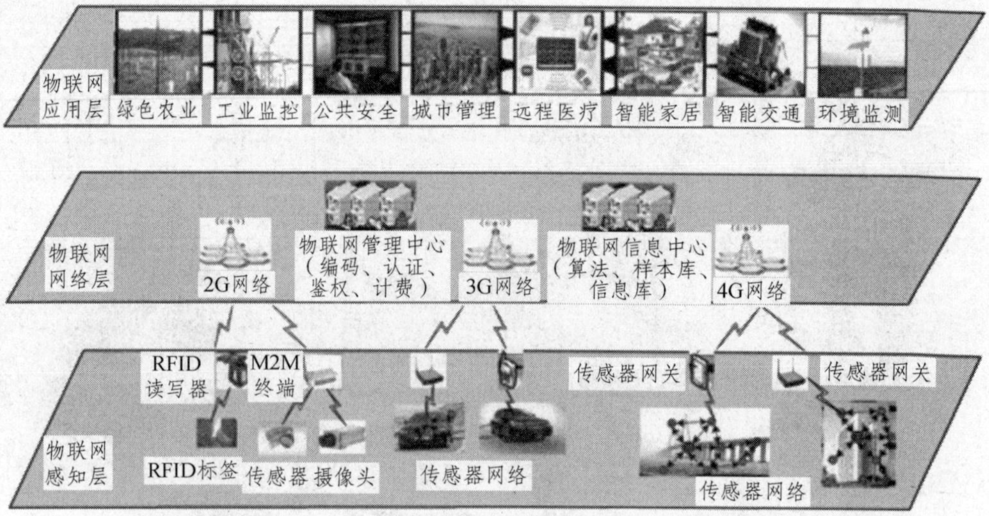

图 2.22 融合智能电网应用的物联网三层体系架构

2.4.2 物联网在智能电网中的应用

由图 2.23 可知，物联网技术将进一步助力智能电网的实现，如设备状态的预测和调控、资产全寿命周期管理的辅助决策、电网与用户间的智能互动等。

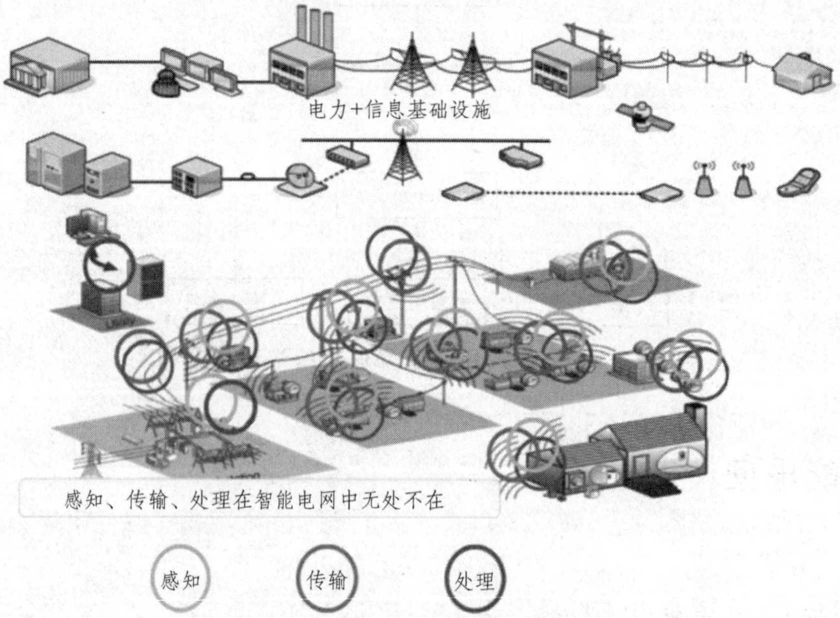

图 2.23 物联网在智能电网中的应用

利用物联网技术，通过在常规机组内布置各种传感器以掌握机组运行状态，包括各种技术指标与参数，可提高常规机组运行维护水平；通过在坝体部署压力传感器群监测坝体变形情况，可规避水库调度风险；通过各类气象传感器实时采集风电场、光伏发电厂的风速、风向、温度、湿度、气压、降雨、辐射等微气象信息，可实现新能源发电的监控和预测，如图 2.24 所示。

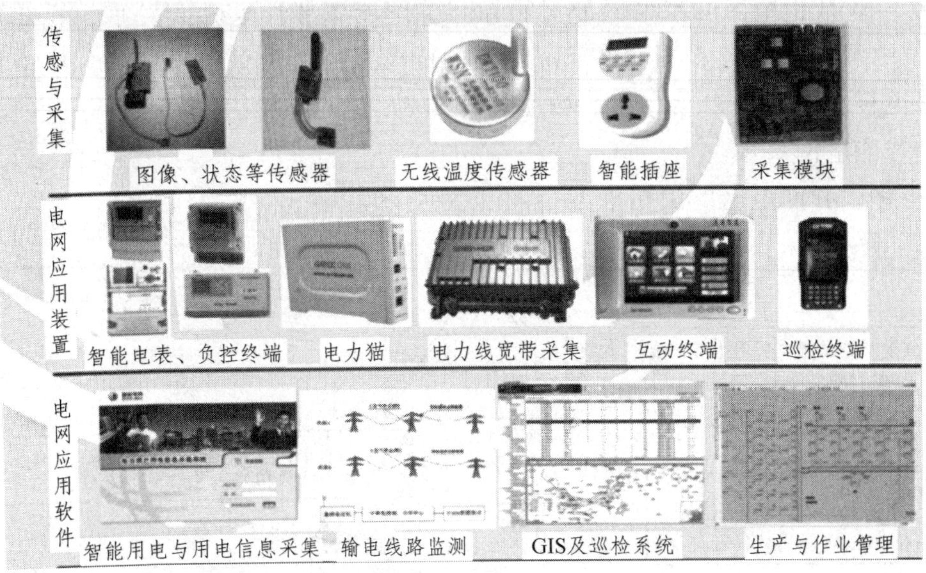

图 2.24 智能电网用电

2.4.3 分布式发电与微电网技术

电力需求的快速增长与电网规模的不断扩大使构建大电网的建设成本高、运行难度大，并且在适应电力用户的高要求、高可靠性和供电需求方面，也还存在诸多瓶颈问题。

微电网是一种较小规模的分散独立系统，由负荷和微电源组成。它采用了大量的先进电力技术，将微型燃气轮机或者风电、光伏发电、燃料电池和储能设备等装置整合在一起，直接接入用户侧，如图 2.25 所示。

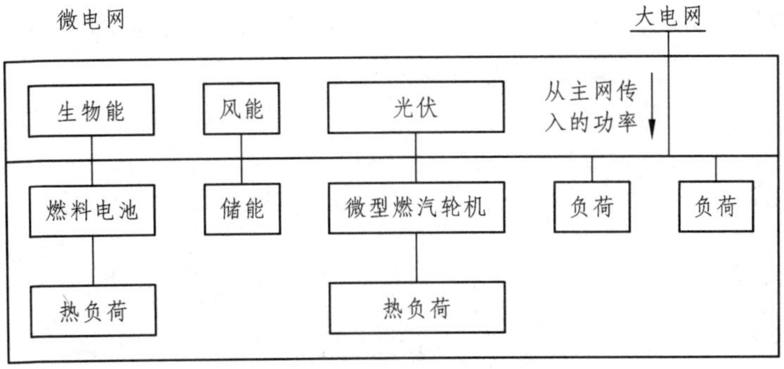

图 2.25 微电网结构方框图

2.4.4 中国国家电网公司“坚强智能电网”建设

2009 年 4 月，中国国家电网公司领导与美国能源部长朱棣文会晤，在华盛顿发表演讲称：“中国国家电网公司正在全面建设以特高压电网为骨干网架、各级电网协调发展的坚强电网为基础，以信息化、数字化、自动化、互动化为特征的自主创新、国际领先的‘智能电网’”。

“统一坚强智能电网”战略框架如图 2.26 所示。

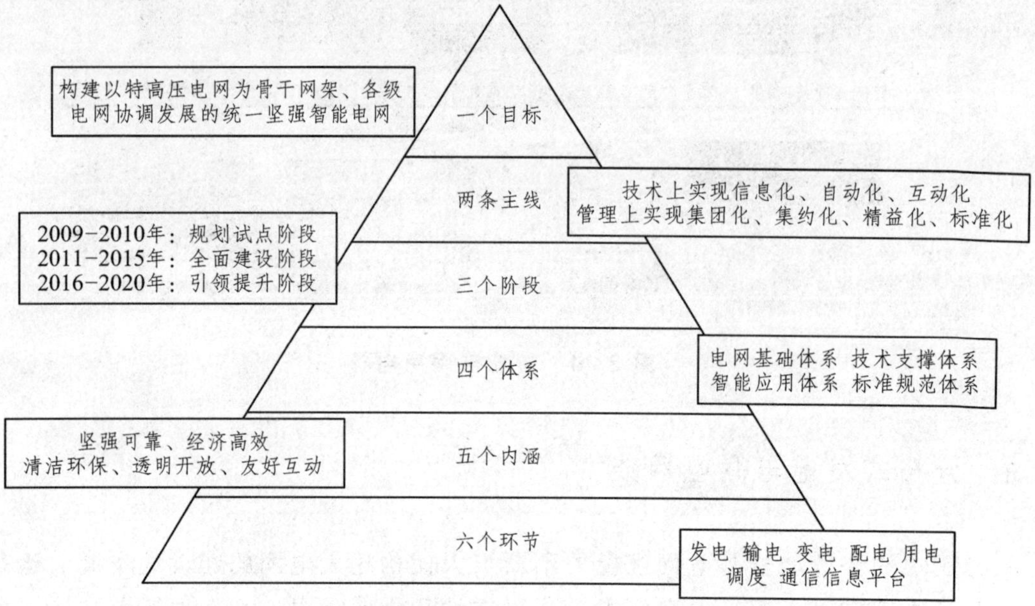

图 2.26 “统一坚强智能电网”战略框架

智能电网架构如图 2.27 所示，其中，电网基础体系是坚强智能电网的物质载体，是实现“坚强”的重要基础；技术支撑体系是先进的通信、信息、控制等应用技术，是实现“智能”的技术保障；智能应用体系是保障电网安全、经济、高效运行，提供用户增值服务的具体体现；标准规范体系是指技术、管理方面的标准、规范以及试验、认证、评估体系，是建设坚强智能电网的制度依据。

（1）一个目标；

（2）两条主线；

（3）三个阶段；

（4）四个体系；

（5）五个内涵；

（6）六个环节。

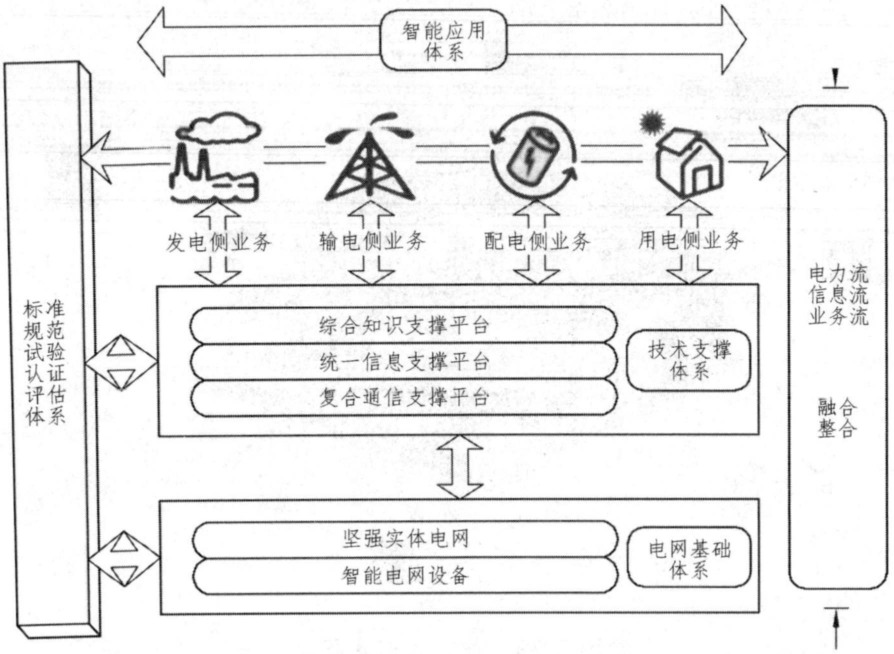

图 2.27 智能电网架构

坚强智能电网以坚强网架为基础，以通信信息平台为支撑，以智能控制为手段，包含电力系统的发电、输电、变电、配电、用电和调度六大环节，覆盖所有电压等级，实现“电力流、信息流、业务流”的高度一体化融合，如图 2.28 所示。

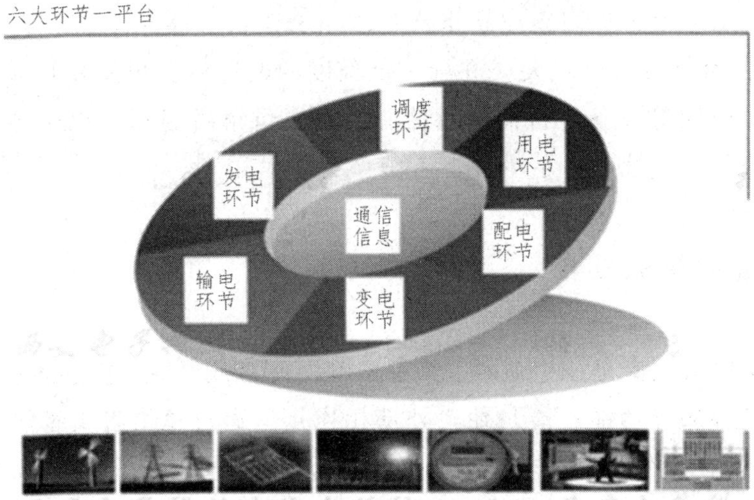

图 2.28 六大环节及基本平台

2.5 智能家居

智能家居的应用场景如图 2.29 所示。

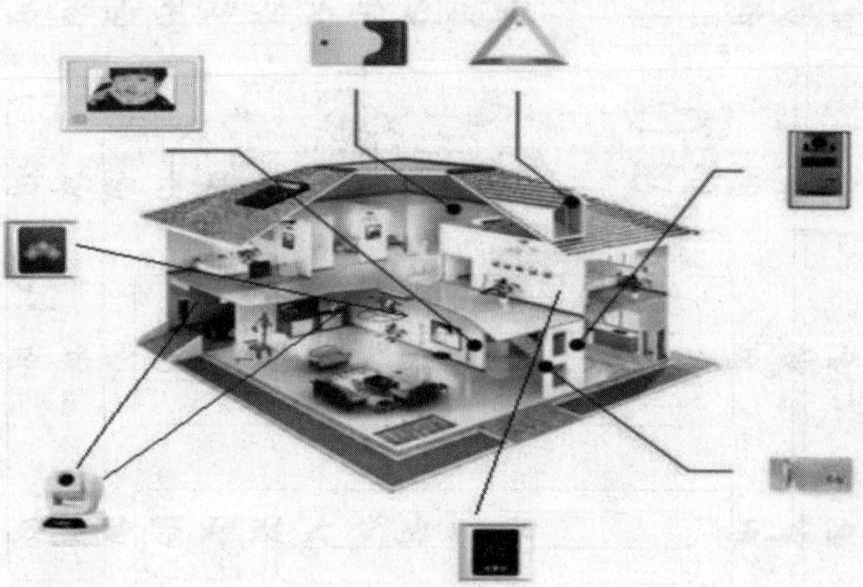

图 2.29 理想智能家居

2.5.1 智能家居的概念

1984 年，美国联合科技公司（United Technologies Building System）将建筑设备信息化、整合化概念应用于美国康涅狄格州（Connecticut）哈特福德（Hartford）的 City Place Building，通过对该旧式大楼进行一定程度的改造后，再采用计算机系统对大楼的空调、电梯、照明等设备进行监测和控制，并提供语音通信、电子邮件和情报资料等方面的信息服务，这就诞生了世界上首栋“智能家居”。

2.5.2 智能家居体系结构

实现智能家居必须满足三个条件：具有家庭网络总线系统；能够通过这种网络（总线）系统提供各种服务功能；能与住宅外部相连接。通过总结各类智能家居系统，可以得出如图 2.30 所示的体系结构。系统应该包括传感器、输出设备、家居设备、控制中心、数据库、系统安全保护层、中间件、传输层、应用层及物理应急设备。

1. 传感器

从生物的角度来说，智慧家居系统理应跟一个人体机理一样，首先有外部刺激，然后通过与人体感受器类似的传感器接收到外部刺激。信号通过反射弧反馈给大脑，待大脑处理事务；而传感器就起到了接收外部刺激的作用。

2. 控制中心

作为智慧家居的大脑，控制中心是整个系统的核心，是智能化的关键，它的职能相当于一个智能机器人。控制中心包括了类似于服务器的所有功能，包括接收传感器上传数据、数据处理、对家居设备下达指令、将数据存储到数据库等操作。在大数据时代，还可以对全部数据进行数据挖掘，挖掘出知识，并对相关趋势作出预测后采取相应的行动。同时，还可以进行可视化分析及语音对话等操作。控制中心还需具备自我恢复能力，当系统出现故障导致系统瘫痪停滞时，需要有相应处理机制，自动唤醒控制中心。人为按照正确流程停止系统的除外。

3. 数据库

智能家居的数据库需要满足许多条件，如存储内容、检索效率、数据安全性等。由于传感器多种多样，上传的数据具有异构性（即格式不同，结构不同，字节大小不同、维度不同等），传统的结构化数据库并不能很好地满足这些需求。另外，由于数据的时间性、空间性及其根据数据产生出大量分析数据，致使数据呈现出海量性，数据库需要有大的容量，并且出于安全方面的考虑，需要对家居系统中的数据进行加密处理。

4. 系统安全保护

系统保护层不言而喻是对整个智慧家居系统起保护作用的模块，其中包括对控制中心的保护，对数据库的保护等。它防范非法用户的非法操作，确保用户隐私不被窃取。由于家居系统监控的全面性，存在极严重的隐私保护问题，如果出现用户隐私数据被窃取，将出现意想不到的问题，甚至会造成整个智慧家居系统全面瘫痪。想象一下黑客入侵家居系统，并且调用房间内的各个监控设备，你的一举一动均在其观察范围内是多么可怕的场景。所以系统安全保护模块至关重要。

5. 输出设备

该模块是控制中心与用户进行交互操作的关键，控制中心通过输出设备，如可视化设备，将系统中各个部件的运行状态，及需要用户处理的信息显示在可视化设。备中；而语音设备则是控制中心可以通过语音输出，及传感器中的语音识别，实现控制中心与用户的语音交流，用户可以喊出语音口令即可完成相应操作，详细功能与 Iphone 的 SIRI 语音功能类似。

6. 家居设备

从生物的角度说，家居设备相当于反射弧中的效应器，控制中心下达控制命令，将命令信息传递给指定家居设备，家居设备接收到指令后执行相应操作，如果操作执行出现错误被中断，则将错误信息反馈回控制中心。这里特别需要提到的是控制中心与家居设备间传输数据的协议，目前还没有出现这一方面的研究，但相信有 HTTP 协议等作为参考，这一方面的实现应该不难。而数据格式方面，相信 XML（eXtensible Makeup Language，可扩展性标记语言）以其结构化、可扩展等特点，在此方面发展潜力很大。控制命令传递给指定家居设备后，家居设备需要能够正确接收指令及正确理解指令，并且执行指令操作。

7. 中间件

中间件是有效处理资源异构问题、完成不同技术之间共享资源的解决方案。家居系统高级应用程序应该具有跨平台、跨系统的优点，通俗的说法为：不光能在 Windows 系统上运行，还需要能在 Linux 等系统上运行；不光能在计算机上运行，还要能在移动设备上运行，将来还会出现各种各样的设备，智慧家居系统应该具备兼容这些设备的能力。为了实现这一功能，需要运用此方法为应用程序开发人员提供各类操作接口。

8. 传输层

该模块用于系统的网络连接，这是获取信息和发送信息都必须通过的渠道，该模块包括各种进行网络连接的方式。

9. 应用层

应用层即是直接面向用户的应用程序，用户通过应用程序来感受到智慧家居系统的优越性。

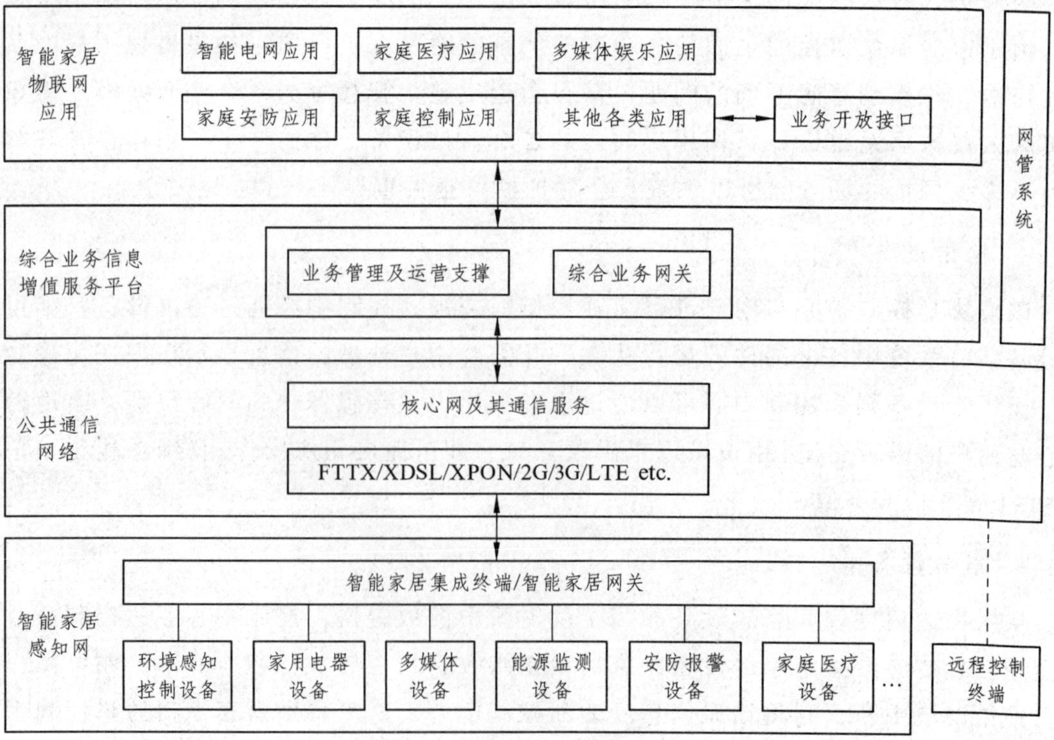

图 2.30 智能家居体系结构

3 物联网常用技术

3.1 物联网的三个层次

物联网包括感知层、网络层、应用层，如图 3.1 所示。

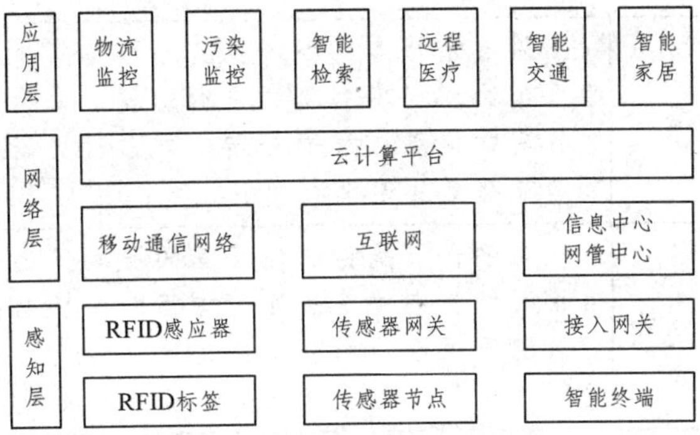

图 3.1 物联网结构图

相应地，其技术体系包括感知层技术、网络层技术、应用层技术以及公共技术，如图 3.2 所示。

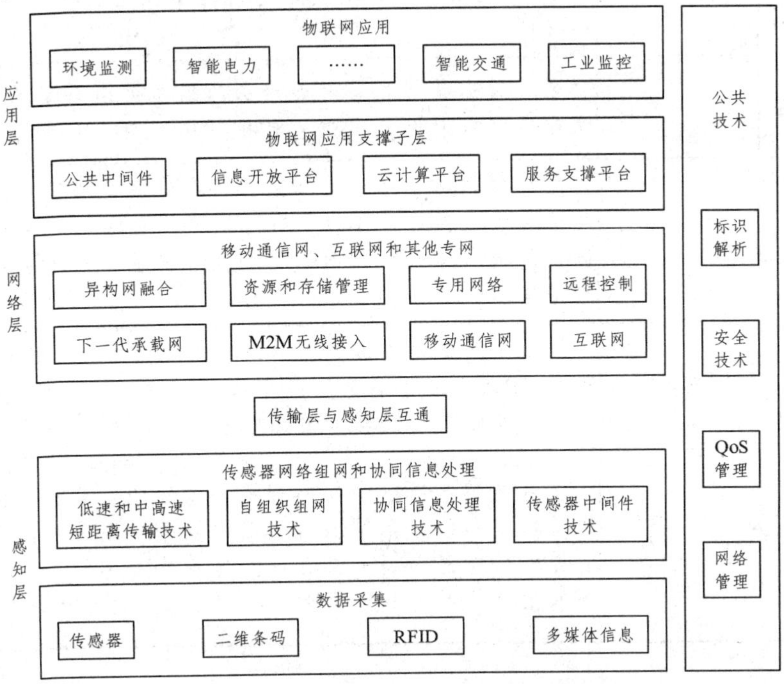

图 3.2 物联网技术体系框架图

3.2 物联网的八层架构

物联网的八层架构主要有传感器/执行器层、传感网层、传感网关层、广域网络层、应用网关层、服务平台层、应用层、分析与优化层。如表 3.1 所示。

表 3.1 物联网框架模型

应用服务层	创新应用层	分析与优化层	物联网世界中，信息来源广阔，是海量的，基于传统的商业智能和数据分析是远远不够的。因此，需要更智能化的分析能力，基于数字和统计学的模型进行分析、模拟和预测
		应用层	应用层包括各种不同业务或服务所需要的应用处理系统，这些系统利用传感的信息进行处理、分析，执行不同的业务，并把处理的信息再反馈给传感器进行更新，使得整个物联网的每个环节都更加连续和智能
网络传输层	管理服务层	服务平台层	服务平台层是为了使不同的服务提供模式得以实施，同时把物联网世界中的信息处理方面的共性功能进行集中优化，使应用系统无须因为物联网的出现而做大的修改，能够更充分地利用已有业务应用系统支持物联网的应用
	网络构建层	应用网关层	在传输过程中为了更好地利用网络资源以及优化信息处理过程，应设置局部或者区域性的应用网关，一是信息汇总和分发，二是进行一些简单信息处理与业务应用的执行，更大限度地利用 IT 与通信资源，提高信息的传输和处理能力，增强可靠性和持续性
		广域网络层	这一层主要是为了将感知层的信息传递到需要信息处理或者业务应用的系统中，可以采用 IPv4 或者 IPv6 的协议
感知控制层		传感网关层	由于物联网世界里的对象是实体，因此感知到的信息量将会是巨大的，各式各样的，通过某种程度的网关将信息进行过滤，协议转换，信息加密等，可使得信息更优化和安全地在公共网络上传递
	感知识别层	传感网层	这是传感器之间形成的网络，这些网络有可能基于公开协议，比如 IP，也有可能基于一些私有协议。其目的就是使传感器之间可以互联互通以及传递感应信息
		传感器/执行器层	物联网中任何一个物体都要通过感知设备获取相关信息以及传递感应到的信息给所有需要的设备或系统，传感器除了传统的传感功能外，还要具备一些基本的本地处理能力，使得所传递的信息是系统最需要的，从而使传递网络的使用更加优化

3.3 物联网的四大支撑技术

3.3.1 RFID 技术

无线射频识别（RFID）技术作为21世纪最有发展前途的信息技术之一，已得到全球业界的高度重视；中国拥有产品门类最为齐全的装备制造业，又是全球IT产品最重要的生产加工基地和消费市场。

1. RFID 技术在日常生活中的应用

1）RFID 防伪技术在第二代身份证上的应用

现在使用的第二代居民身份证是由我国自主研发的专用RFID技术芯片制成的，二代身份证增加了多种防伪技术，杜绝了个人和组织非法造假行为，预防和打击了违法犯罪活动，维护了社会和谐，给我们的生活带来了许多便捷。

2）基于 RFID 技术的远距离识别停车场管理系统

这种停车场管理系统是目前世界上最先进的停车场自动化管理方式之一，是停车场管理方式发展的必然趋势，与人工管理相比，其安全性、稳定性、自动化程度更好。其能够实现进出完全不停车、自动识别、自动登记、自动放行等功能，后台管理处理平台也具有查看进出车辆相关信息的功能。

3）门禁管理系统

在各个主要部门的门上安装门禁管理系统，每个部门可以自己设置能够进入这个部门的人员名单。只要是这个名单的人员在进门时通过电子卡片就可以打开门，否则阅读器没有响应电子卡片，门打不开。如果门强行打开，系统则自动报警。

4）物体防盗。

用 RFID 技术可以保护和跟踪个人财产。将电子标签镶在物体上，处理器会自动跟踪、管理这些贵重物体，如发现物体从自己原来的位置离开，就会启动报警装置，通知平台所监控物体已离开，再结合GPS系统，利用应答器对物体进行有效的跟踪管理。

5）RFID 适用的行业

目前，RFID已经在普通消费市场大量应用，其中最有代表性的就是公交一卡通。公交一卡通可以在地铁、公交、部分停车场进行缴费，但公交一卡通还没有把RFID的便利性发挥到最好。以下行业是RFID未来可能得到发展的应用场合：零售流通产业、医疗产业、汽车产业、物流产业、服饰业、智能图书馆等。

2. RFID 介绍

"Radio Frequency Identification"可以缩写为RFID，这是一种无线射频识别传感技术，日常生活中称通常叫作感应式电子晶片、非接触卡、感应卡等，专业术语通称电子标签或者应答器。RFID传感技术是一种不需要表面接触就可以自动识别的现代传感技术，物体对象的个体信息通过无线射频信号传输，自动完成整个识别过程。这种技术可以快速地进行信息追踪和数据交换，整个识别过程不要人工操作，适合工作在多种自然环境条件下实现正常通信，且识别效果好。RFID技术最大的优势在于进行多个物体识别，且物体同时处于高速移动的状态。其系统设计方案选择多样化，操作过程易于实现，为高速移动多目标车辆识别的完美实现提供了可能。RFID具有其他传感识别技术没有的突破性的特点。第一，它的识别对象可以具体到每一个物体，每个物体对应唯一可以表明其身份特点的序列号，区别于其他对象；第二，它读取数据信息可以依靠物体外部特征性质，识别领域更广；第三，它可以对多个目标进行同时识别，对每个物体的识别效果一样，而不像其他识别方法只能一个一个地识别目标；最重要的一点，它储存信息的能力能够满足识别需求。相比其他识别方法，RFID识别技术的效果更快速、更准确，硬件设备和软件花费也比较小。

RFID系统组成如图3.3所示。

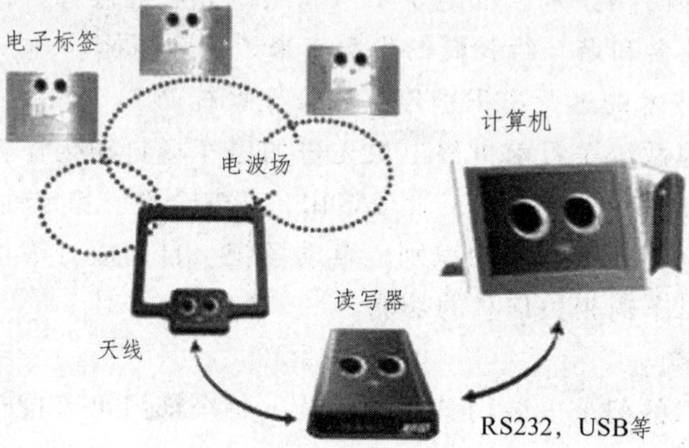

图3.3 RFID系统

3. RFID车辆识别特点

（1）RFID技术电子标签的硬件设计已经成熟，其外观小而精巧，形状多样。

电子标签在尺寸大小及外形设计上不影响RFID阅读器对数据信息的传输效率，同时对获取的数据信息精确度也没有影响。此外，RFID电子标签为了应用在不同车辆中外形设计可以有多种样式，因此，电子标签的生产非常灵活。

（2）使用无线方式读取数据信息。

即不需要接触，只通过RFID阅读器直接读取相关数据信息到后台数据处理平台，而且多个目标标签可以一次处理，同时将车辆识别处理结果的状态存入车辆标签，供下一次使用。

（3）可反复读写。

RFID可以反复被读写数据，所以可以重复回收使用废弃标签。

（4）安全性。

将车辆信息数据从后台处理平台转存到标签上，将为整个系统提供安全保障。通过校验或循环取余校验等编码方式可保证标签中存储信息的准确性。

（5）储存数据信息量大。

RFID 不会受数据容量增大的限制。

（6）穿通性。

RFID 除了被铁质金属物质镶嵌会无法通信、阻止数据交换，被其他纸张、木材和塑料等非金属或非透明的物质阻挡，则不会影响通信效果，均能正常通信。

（7）适应环境的能力强。

RFID 对水、油和腐蚀性物体具有很强的防御性，所以在大雨大雾天气、黑暗的环境中都可以读取数据信息。

4. RFID 的工作原理

通常情况下，RFID 的应用系统主要由读写器和 RFID 卡两部分组成，如图 3.4 所示。

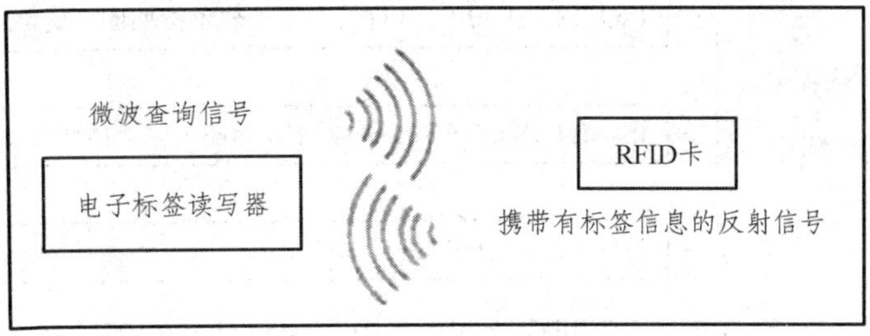

图 3.4　RFID 工作原理

RFID 应用系统的基本工作原理：RFID 卡进入读写器的射频场后，由其天线获得的感应电流经升压电路作为芯片的电源，同时将带信息的感应电流通过射频前端电路检测得到数字信号，并将数字信号送入逻辑控制电路进行信息处理；所需回复的信息从存储器中获取，然后经逻辑控制电路送回射频前端电路，最后通过天线发回给读写器，如图 3.5 所示。

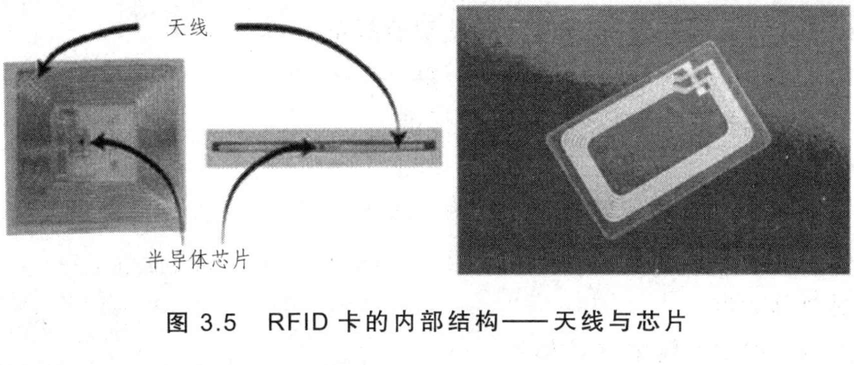

图 3.5　RFID 卡的内部结构——天线与芯片

目前，RFID 已得到了广泛的应用，且有国际标准 ISO10536、ISO14443、ISO15693、ISO18000 等。这些标准除规定了通信数据帧协议外，还着重对工作距离、频率、耦合方式等与天线物理特性相关的技术规格进行了规范。

1）技术标准

ISO18000：定义了在不同频率上阅读器和电子标签之间的询问接口方式。如图 3.6

所示是 ISO/IEC18000 系列的标准的详细内容。

EPC Gen2：频率在 860 ~ 960 MHz 上的询问空中接口标准。

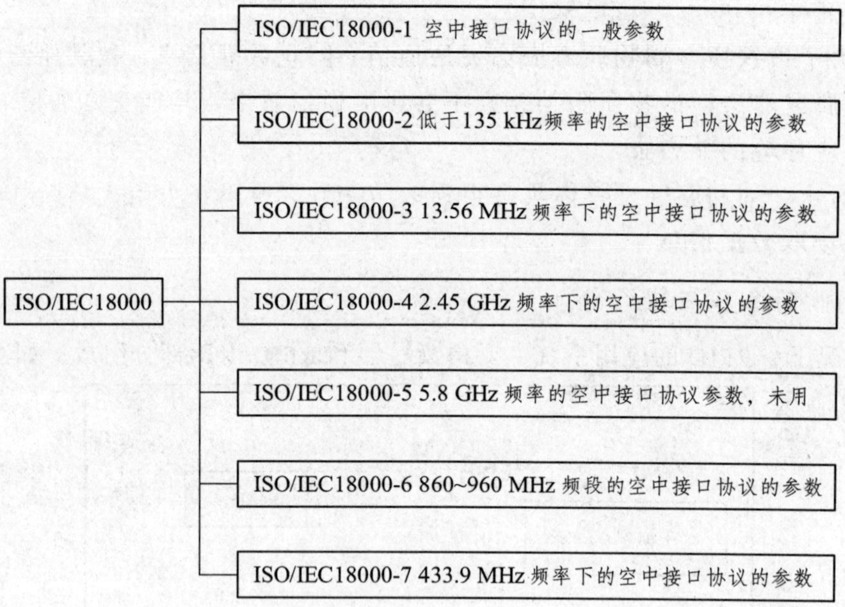

图 3.6 ISO/IEC18000 系列的协议详细内容

2）数据存储内容标准

ISO/IEC 15418：EAN/UCC 应用标识符及温性电路数据标识符和保护。

ISO/IEC 15224：数据载波和特征标识符。

ISO/IEC 15434：高存储量 ADC 媒介传输语法标准。

ISO/IEC 15459：物体唯一序列号（ID）编码标准。

ISO/IEC 15961：应用接口信息交换协议标准。

ISO/IEC 15962：编码方式和逻辑存储功能标准。

ISO/IEC 15963：唯一序列号（ID）标准。

ISO/IEC 24721：唯一 ID 序列号规范标准。

3）统一性标准

ISO/IEC 18046：射频应用系统设备指标标准。

ISO/IEC 18047：射频应用系统设备统一性测试、调试方式标准。

4）使用规范标准

ISO 10374：货物运输集装箱标准。

ISO 18185：射频通信协议标准。

ISO 11784：用于动物的射频识别过程 ID 编码方式及结构标准。

ISO 11785：用于动物的射频识别技术规范标准。

ISO14223-1：电子标签和阅读器第一部分的空中接口用在动物的射频识别标准。

AIAGB-11：汽车轮胎的序列号（ID）使用标准。

ISO 122/104JWG：射频应用系统的供应链使用标准。

RFID 同其他识别系统的比较如表 3.2 所示。

表 3.2 RFID 同其他识别系统的比较

系统	参数							
	数据量（bit）	污染影响	受方向性影响	磨损	工作费用	阅读速度	最大读取距离	自动化程度
RFID	16～64k	无	较小	无	一般	很快	10 m	高
IC 卡	16～64k	可能	单方向	触点	一般	一般	接触	低
条形码	1～100	严重	单方向	严重	很小	慢	10 m	低

5. RFID 技术的分类

从定义上来介绍，RFID 通信系统的工作频率就是阅读器和电子标签在传输命令或者数据时的使用频率。RFID 系统工作频率一旦确定，RFID 系统的整体设计框架也必须按工作频率来决定，包括选择电磁耦合还是电感耦合方式，远距离识别还是近距离，同时决定了电子标签和阅读器之间通信质量的强弱、通信实现的难易程度。电子标签工作在不同的频段上有不一样的设计要求。在国际上对射频识别应用划分了规定的频段或频点，目前应用系统常见有 125 kHz、133 kHz、13.56 MHz、27.12 MHz、433 MHz、902～928 MHz、5.8 GHz 等工作频率。

1）射频信号在低频段传输

在 30～300 kHz 范围内可以使用，日常应用系统主要选择工作频率 125 kHz、133 kHz。工作在低频段的电子标签自身不带电源，其工作能量来自阅读器发射电磁波所辐射的磁场中。当电子标签进入阅读器耦合磁场范围内时，阅读器和电子标签就可以进行数据信息传输和交换，一般情况要求在 1 m 以内。在低频段进行物体识别的主要应用场合集中在动物识别、工具识别及静态物体识别等方面，电子标签随着应用场合的不同，其外观形状制作也可以不同，有挂式如项圈式、注射式等。低频段进行物体识别主要缺点是：卡内储存空间偏少，低速、近距离识别，而且成本较高。

2）射频信号在中高频传输

其工作范围在 3～30 MHz，日常应用系统主要选择工作频率 13.56 MHz。从识别物体的整个过程来分析，和低频频段的识别原理是一样的，也是采用电感耦合方式进行能量的转换，一般在 RFID 技术中把这个频段的应用归为低频电子标签类。中高频频段的电子标签一般自身不带电源，自身不提供发射能量，其工作能量也是来自阅读器提供，必须当电子标签进入阅读器耦合磁场范围内时，阅读器磁场提供能量，才能和电子标签进行数据信息传输和交换，一般情况也要求在 1 m 以内才可以识别。中高频频段的使用规则主要依据国际标准 ISO14443、ISO15693、ISO18000-3。一般把电子标签制作成卡片形状，安装在车票、门票，身份证等内部方便应用。这个频段和低频频段的缺点一样，如果想得到较高的信息传输速率，就必须提高系统工作频率。

3）射频信号在超高频与微波频段传输

该系统简称微波射频通信系统，日常应用系统主要选择工作频率 433.92 MHz、902 ~ 928 MHz、2.45 GHz、5.8 GHz。微波电子标签分两种：一种是不带电源，另一种是自身带电源。电子标签进入阅读器天线辐射磁场范围内，就可以工作，两者之间是电磁耦合方式。无源电子标签还是靠阅读器天线辐射提供工作能量，唤醒无源电子标签。其阅读距离大于 1 m，比较常见的距离是 4 ~ 6 m，最远可达到 10 m 以上。微波电子标签的设计规则依据 ISO10374、ISO18000-4（2.45 GHz）、ISO18000-5、ISO18000-6 等国际标准，主要应用于移动车辆识别、仓库物流管理等。如表 3.3 所示是 RFID 通信系统的详细工作频段划分，表 3.4 所示是我国在 860 ~ 960 MHz 频段的频率规划和分配情况。

表 3.3 RFID 通信系统的详细工作频段

工作频率范围	说明
<135 kHz	低频电感耦合系统
6.765 ~ 6.795 MHz	中频电感耦合系统
7.4 ~ 8.8 MHz	中频电感耦合系统，一般用于电子防盗
13.553 ~ 13.567 MHz	中频电感耦合系统，主要用于无接触识别卡中
26.957 ~ 27.283 MHz	中频电感耦合系统，仅采用在特定的应用中
433 MHz	高频反向散射耦合系统，在 RFID 识别用得比较少
868 ~ 870 MHz	高频反向散射耦合系统，新频段，正在积极研究开发
902 ~ 928 MHz	高频反向散射耦合系统，已应用在多个 RFID 系统中如中国高铁
2.4 ~ 2.5 GHz	超高频反向散射耦合系统，车辆识别多个系统已成功应用
5.725 ~ 5.875 GHz	超高频反向散射耦合系统，很少使用的频段

表 3.4 我国 860 ~ 960 MHz 频段的频率规划和分配情况

CDMA 下行频段	GSM 上行频段	无中心对讲机	点对点立体声广播传输	航空导航业务	GSM 下行频段
870 ~ 880 MHz	870 ~ 880 MHz	915 ~ 917 MHz	917 ~ 925 MHz	925 ~ 930 MHz	930 ~ 960 MHz

由于实际应用中阅读距离的增大，不可避免地在一个阅读区域同时出现多个电子标签，所以必须满足多个目标同时读取，这便成为研究的一个热点。目前，先进的 RFID 系统都将多目标识别问题作为系统的衡量参数。

6. RFID 技术标准

RFID 识别代码结构为 64 位，如表 3.5 所示。

表 3.5 ISO11784 和 ISO11785 标准代码结构

位序号	信息	说明
1	动物应用 1/非动物应用 0	应答器是否用于动物识别
2 ~ 15	保留	未来应用
16	后面有数据 1/没有数据 0	识别代码后是否有数据
17 ~ 26	国家代码	说明使用国家，999 表明是测试应答器
27 ~ 64	国内定义	唯一的国内专有的登记号

7. RFID 系统的应用和发展趋势

微波 RFID 通信系统在射频识别方面具有很大的优势。微波元件本身在微波射频频段工作，具有很强的抗干扰能力。微波 RFID 通信系统的识别距离远，识别范围广且可靠性高；在金属和液体里都使用；不仅可以识别静态的物体，而且还可以识别快速移动的物体；在高温、低温、恶劣天气等环境下都可以使用。因此，微波 RFID 通信系统在智能交通、快速收费、物流管理、防伪防盗门禁控制、安全监控识别、超市购物收费、体育竞赛的数据跟踪等领域广泛应用。

3.3.2 WSN/ZigBee 技术

1. 什么是 ZigBee

图 3.7 所示为 ZigBee 联盟的主要成员。

图 3.7 ZigBee 联盟主要成员

ZigBee 在中国被译为“紫蜂”，它与蓝牙相类似，是一种新兴的短距离无线技术。

ZigBee 是 IEEE 802.15.4 协议的代名词。根据这个协议规定的技术是一种短距离、低功耗的无线通信技术。这一名称来源于蜜蜂的八字舞，由于蜜蜂（bee）是靠飞翔和“嗡嗡”（zig）地抖动翅膀的“舞蹈”来与同伴传递花粉所在的方位信息，也就是说蜜蜂依靠这样的方式构成了群体中的通信网络。其特点是近距离、低复杂度、自组织、低功耗、低数据速率、低成本。主要适合用于自动控制和远程控制领域，可以嵌入各种设备。简而言之，ZigBee 就是一种便宜的、低功耗的近距离无线组网通信技术。

2. ZigBee 技术发展概述

ZigBee 技术有自己的无线电标准，在数千个微小的传感器之间相互协调实现网络通信。这些传感器只需要很低的功耗，以接力的方式通过无线电波将数据从一个传感器传到另一个传感器，因此它们的通信效率非常高。

ZigBee 的基础是 IEEE802.15.4，这是 IEEE 无线个人区域网工作组的一项标准，被称作 IEEE802.15.4（ZigBee）技术标准。ZigBee 不仅只是 IEEE802.15.4 的名字。IEEE 仅处理低级 MAC 层和物理层协议，而 ZigBee 联盟对其网络层协议和 API 进行了标准化，还开发了安全层。

3. ZigBee 协议架构

ZigBee 软件协议由各种软件代码分层组成，依次为应用层、网络层、MAC 层等。如图 3.8 所示。

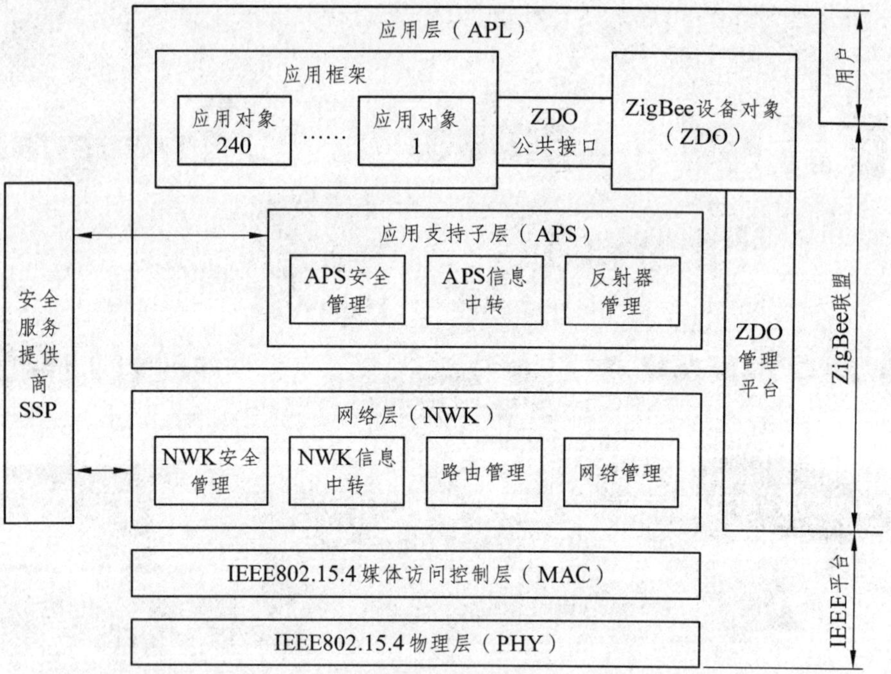

图 3.8 ZigBee 协议结构示意图

物理层由半双工的无线收发器及其接口组成，工作频率可以是 868 MHz、915 MHz 或者 2.4 GHz，它直接利用无线信道进行数据传输。

PHY 层定义 ZigBee 设备的工作频段为 2.4 GHz。

MAC 层提供节点自身和其相邻节点之间可靠的数据传输链路。

SAP 是某一特定层提供的服务与上一层之间的接口。ZigBee 不同层与 MAC 层就是通过服务接入点（SAP）连接的。

ZigBee NWK 层利用 MAC 层可靠的数据通信，提供路由、多跳转发能力，实现和维护星形、树簇形或网状形网络。

4. WSN/ZigBee 无线数据传输网络描述

简单地说，ZigBee 是一种高可靠的无线数据传输网络，类似于 CDMA 和 GSM 网络。

应用 ZigBee 可组成多种网络拓扑结构，星形网络、树簇形网络、网状形网络，其中网状形网络最重要。图 3.9 展示了一个示例网络，它具有 ZigBee 协调器（圆形）、路由器（矩形）和终端节点（三角形）。

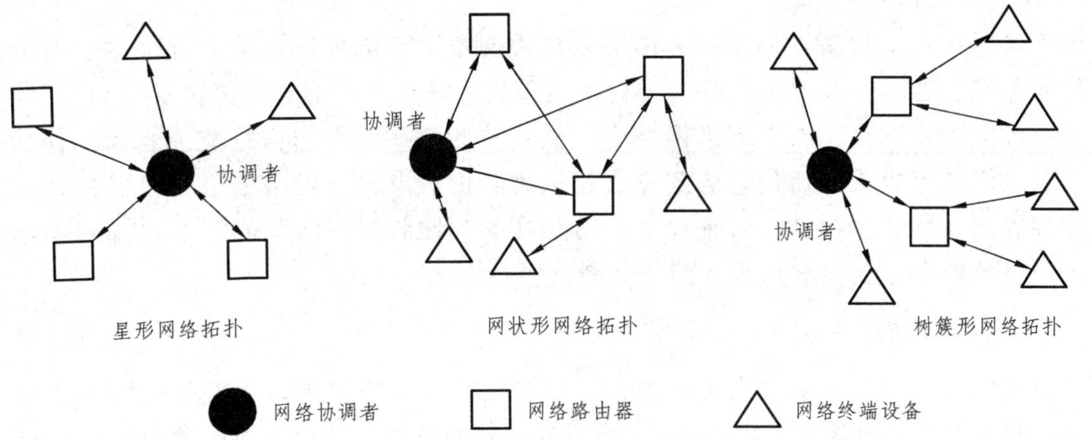

图 3.9　ZigBee 网络示意图

与移动通信的 CDMA 网或 GSM 网不同的是，ZigBee 网络主要是为工业现场自动化控制数据传输而建立的，因而，它必须具有简单、使用方便、工作可靠、价格低的特点。

图 3.10 所示为 ZigBee 模块。

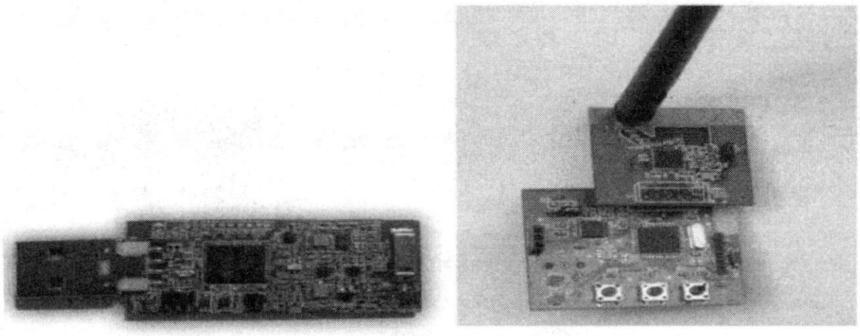

图 3.10　ZigBee 模块

1）星形网络

当协调器被激活后，它就会建立一个自己的网络。所有星形网络的操作独立于当前其他星形网络的操作，这就说明在星形网络结构中只有唯一的 PAN 主协调器，通过选择一个 PAN 标识符确保网络的唯一性。因此，一旦选定了一个 PAN 标识符，PAN 主协调器就会允许其他从设备加入它的网络中，无论是路由还是终端都可以加入这个网络中。

2）簇形（树形）网络

树形拓扑网络包含一个中心协调器和一系列的路由器和终端设备节点。协调器和路由器可以包含自己的子节点，终端设备节点不能有自己的子节点。在树形拓扑的通信规则中，每一个节点都只能和它的父节点或子节点通信。如果需要从一个节点向另一个节点发送数据，那么信息将沿着树的路径向上或向下传递。

3）网状形网络

网状形拓扑结构是一种多跳的网络系统。网络中节点可以直接相互通信，每一次通信网络都会选择一条或多条路由进行数据传输，将所要传输的数据传递给目的节点，它是一种点到点网络。在点到点网络中，只要彼此都在对方的辐射范围之内，任何两个节点之间都可以直接通信。点到点支持多跳路由。点对点网络中也需要协调器，负责实现管理链路状态信息，认证设备身份等功能。网状形网络中的源节点都有多条路径到达目的节点，因此节点容故障能力较强。

5. ZigBee 的技术优势

简单的点到点、点到多点无线通信，数据包结构比较简单，主要是由同步信号、数据、校验等几部分组成。而 ZigBee 采用数据帧的概念，每个无线帧都包含大量的包装，包括时间、地址、命令、同步等信息，真正的数据只占少部分。这正是 ZigBee 实现网络组织管理,实现高可靠数据传输的关键。同时,ZigBee 采用了 MAC 技术和 DSSS（扩频序列调制）技术，能够实现高可靠、大规模网络传输。点到点网络也需要网络协调器。负责实现网络链路状态信息，认证设备身份等功能。

6. ZigBee 的应用领域

ZigBee 的典型应用如图 3.11 所示。

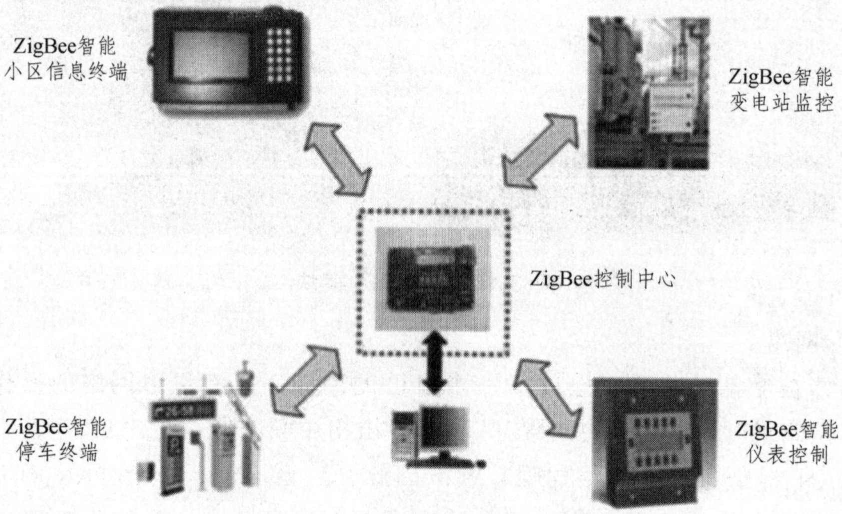

图 3.11 ZigBee 的典型应用

3.3.3 常见组网技术

1. 现场总线技术

1）现场总线概述

现场总线技术是 20 世纪 80 年代中期在国际上发展起来的一种崭新的工业控制技术。图 3.12 所示为传统控制系统接线方式和现场总线系统接线方式的比较。

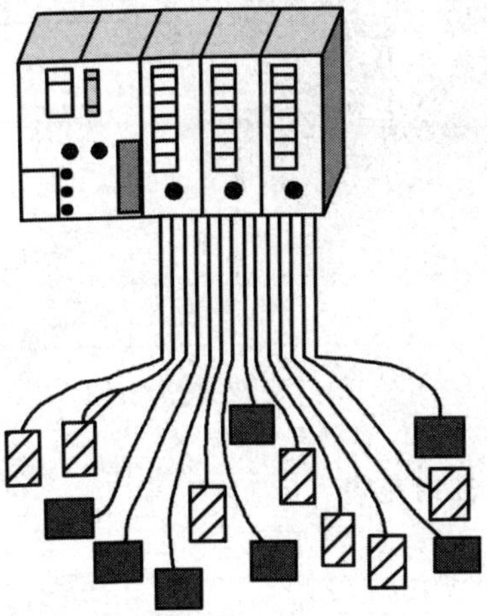

（a）传统的接线方式

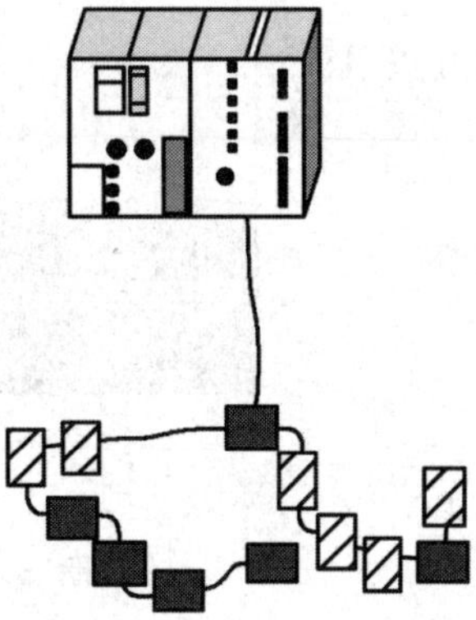

（b）现场总线接线方式

图 3.12 传统控制系统接线方式和现场总线系统接线方式的比较

2）现场总线的特点

现场总线技术实际上是采用串行数据传输和连接方式代替传统的并行信号传输和连接方式。

3）现场总线的应用领域

现场总线控制系统分为不同的层次，图 3.13 简明地表示出控制系统的金字塔结构。

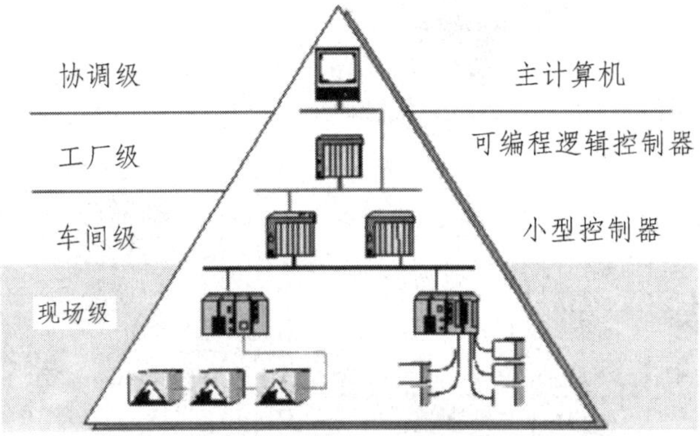

图 3.13 现场总线控制系统的金字塔结构

对应不同的系统层次，现场总线有着不同的应用范围。图 3.14 列举了几种主要现场总线的应用范围。

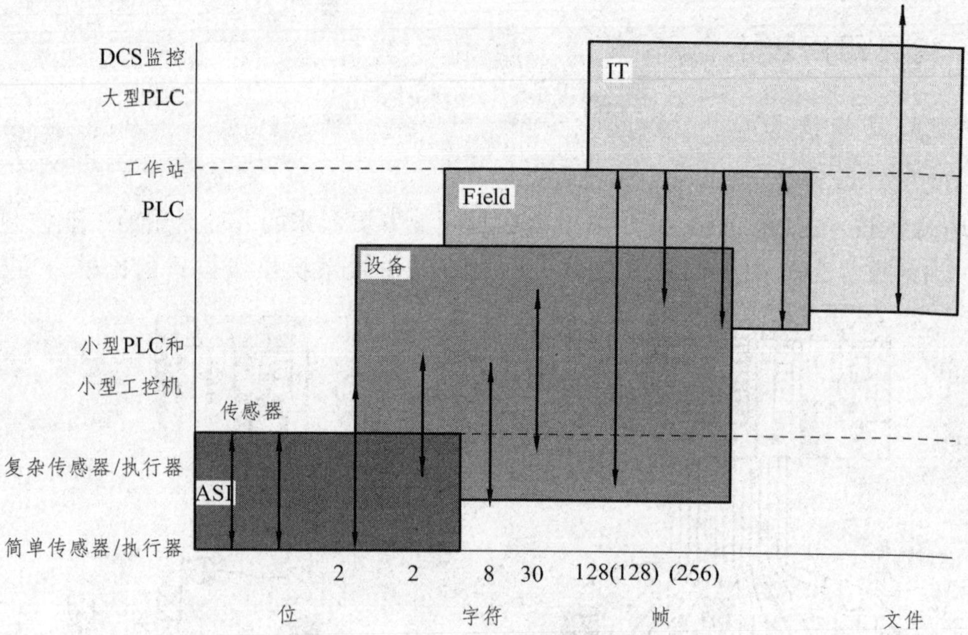

图 3.14 现场总线的应用范围

2. Wi-Fi 技术

1）Wi-Fi 概述

Wi-Fi 全称 Wireless Fidelity，又称 802.11b 标准，它的最大优点就是传输速度较高，可以达到 11 Mb/s。

2）Wi-Fi 无线网络结构

Wi-Fi 无线网络的拓扑结构主要有两种：Ad-Hoc 和 Infrastructure。

Ad-Hoc 是一种对等的网络结构，各计算机只需接上相应的无线网卡，或者具有 Wi-Fi 模块的手机等便携终端，即可实现相互连接和资源共享，无须中间作用的“Access Point”（AP，接入点）。此种网络结构如图 3.15 所示。

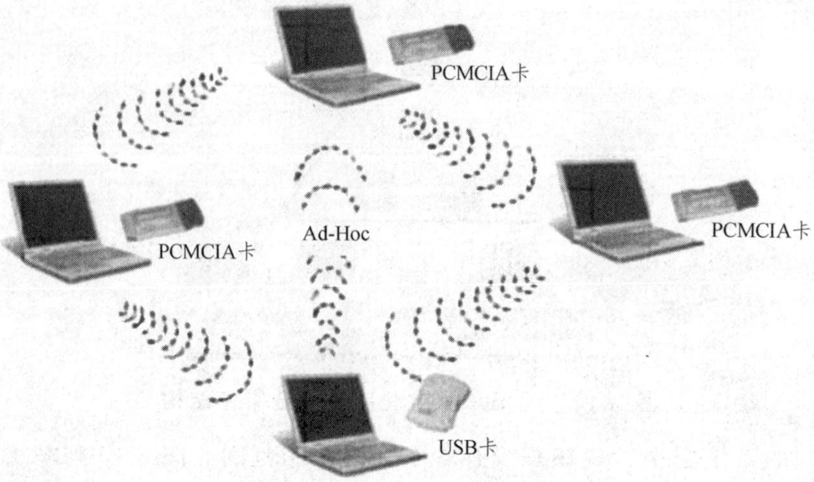

图 3.15 Ad-Hoc 拓扑结构

Infrastructure 是一种整合有线与无线局域网络架构的应用模式，通过此种网络结构，同样可实现网络资源的共享，此应用需通过 AP。此种网络的拓扑结构如图 3.16 所示。

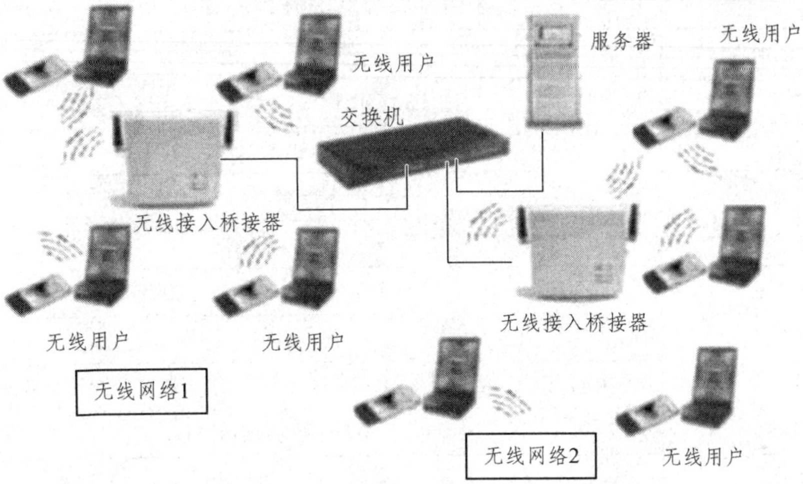

图 3.16 Infrastructure 拓扑结构

3）Wi-Fi 优点

Wi-Fi 技术与蓝牙技术一样，同属于在办公室和家庭中使用的短距离无线技术。

4）Wi-Fi 的应用

在通信行业的激烈竞争中，宽带接入是各运营商竞争的焦点。

3. 蓝牙技术

1）蓝牙技术概述

蓝牙是一种支持设备短距离通信（一般为 10 m 内）的无线电技术，能在包括移动电话、PDA、无线耳机、便携式计算机、相关外设等众多设备之间进行无线信息交换。

图 3.17 所示为蓝牙标志与蓝牙耳机。

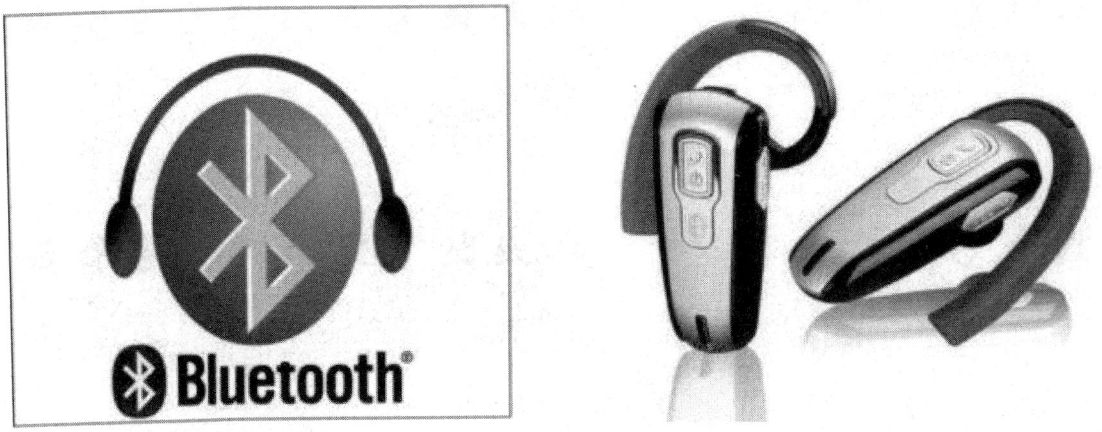

图 3.17 蓝牙标志与蓝牙耳机

2）蓝牙技术的系统参数和技术指标

蓝牙技术产品采用低能耗无线电通信技术来实现语音、数据和视频的传输。蓝牙的系统参数与技术指标如表 3.6 所示。

表 3.6 蓝牙的系统参数与技术指标

系统参数与技术指标	说明
工作频段	ISM 频段，2.402 ~ 2.408 GHz
双工方式	全双工，TDD 时分双工
业务类型	支持电路交换和分组交换业务
数据速率	1 MB/s
非同步信道速率	非对称连接为 21/57.6 kb/s，对称连接为 432.6 kb/s
同步信道速率	64 kb/s
功率	美国 FCC 要求<0 dBm（1 mW），其他国家可扩展为 100 mW
跳频频率数	79 个频点/1 MHz
跳频速率	1 600 Hz
工作模式	PAPK/HOLD/SNIFF/ACTIVE
数据连接方式	SCO、ACL
纠错方式	1/3FEC、2/3FEC、ARQ
认证	竞争—应答方式
信道加密	0 位、40 位、60 位密钥
语音编码方式	CSVD
发射距离	10 ~ 100 m

3）蓝牙技术的特点

蓝牙技术提供了低成本、近距离的无线通信，构成固定与移动设备通信环境中的个人网络，使得近距离内的各种设备能够实现无缝资源共享。图 3.18 所示为蓝牙模块。

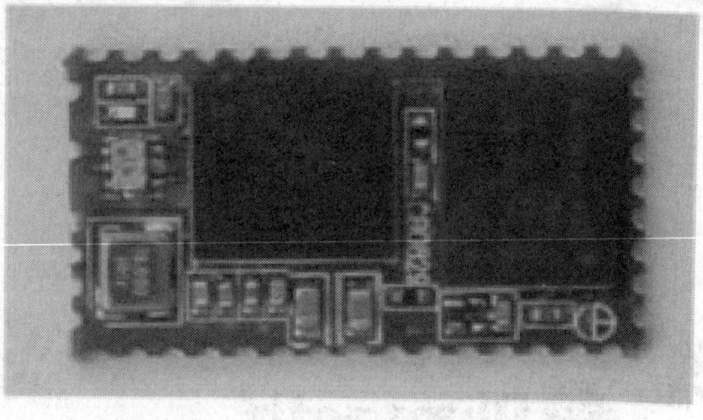

图 3.18 蓝牙模块

4）蓝牙技术的应用

蓝牙 SIG（蓝牙技术联盟）定义了几种基本的应用模型，主要包括文件传输、Internet网桥、局域网接入、三合一电话和终端耳机等。

4. GPS 技术

1）GPS 概述

GPS 是英文 Global Positioning System（全球定位系统）的简称，而其中文简称为“球位系”。

2）GPS 的组成

全球定位系统由 GPS 空间卫星部分、GPS 地面监控部分和用户设备部分（GPS 接收机）三大部分组成，如图 3.19 所示。

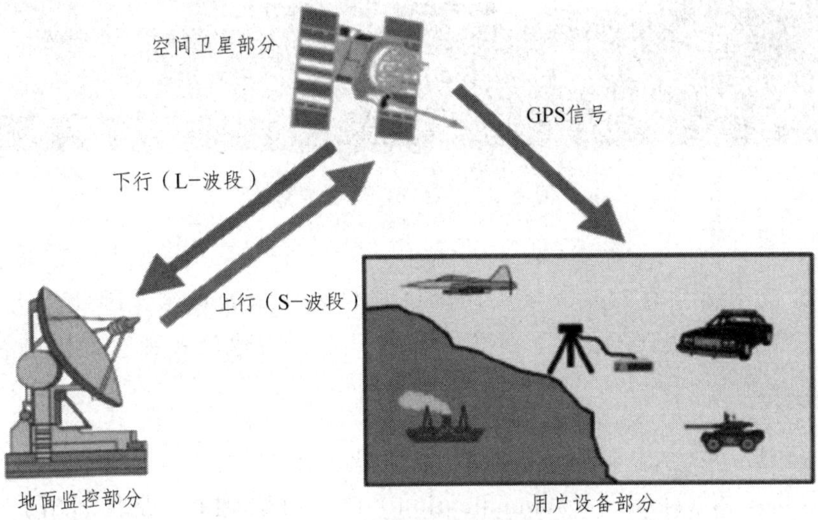

图 3.19 全球定位系统示意图

3）GPS 的特点

全球定位系统的主要特点如下。

（1）定位精度高。

（2）观测时间短。

（3）应用广泛。

4）GPS 的应用

GPS 在导航、跟踪、精确测量方面都有很广泛的应用。

图 3.20 所示即为 GPS 导航装置。

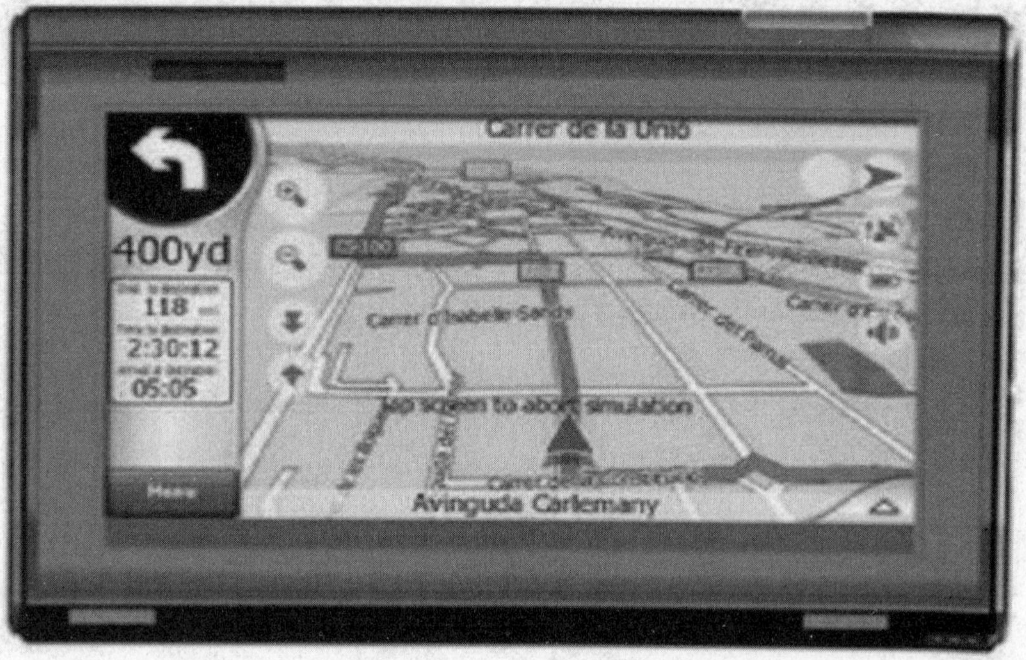

图 3.20 GPS 导航装置

5）GPS 的前景

由于 GPS 技术所具有的全天候、高精度和自动测量的特点，因此作为先进的测量手段和新的生产力，它已经融入了国民经济建设、国防建设和社会发展的各个领域。

5. PLC 技术

1）PLC 概述

电力线通信（Power Line Communication）技术简称 PLC，是指利用电力线传输数据和语音信号的一种通信方式。

图 3.21 为典型的 PLC 系统应用示意图。

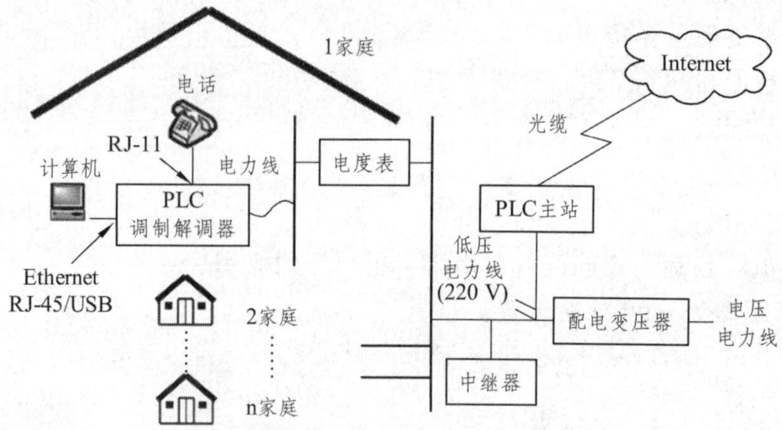

图 3.21 典型的 PLC 系统应用示意图

2）PLC 的关键技术

目前国际上高速电力线通信采用的调制技术主要有扩展频谱类和 OFDM（Orthogonal Frequency Division Multiplexing，正交频分复用）调制技术。

3）PLC 的特点

电力线路作为通信媒介带来的噪声干扰远比电信线路大得多，如图 3.22 所示。

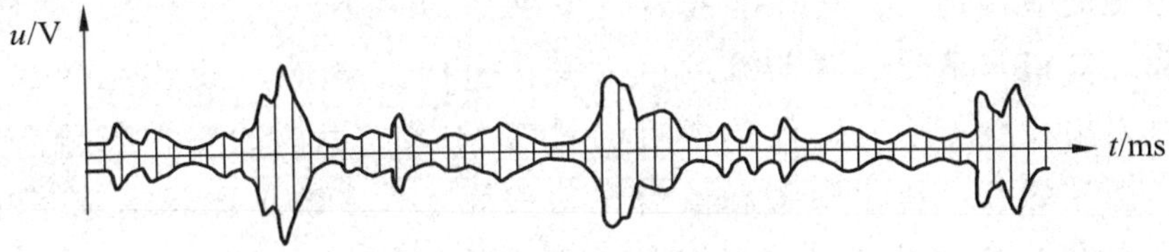

（a）

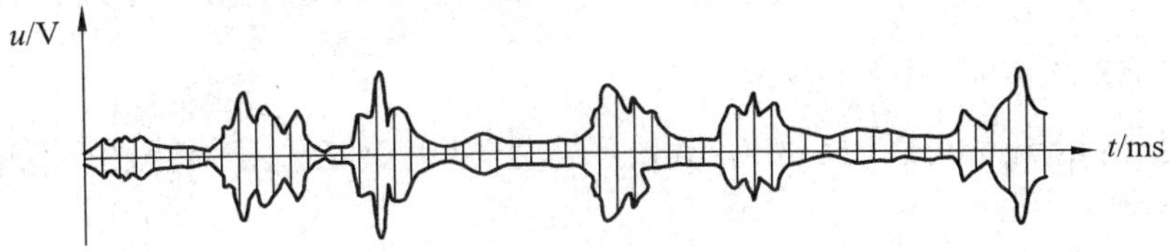

（b）

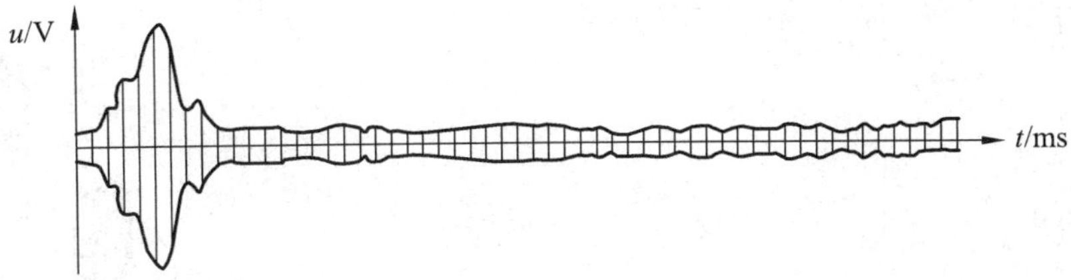

（c）

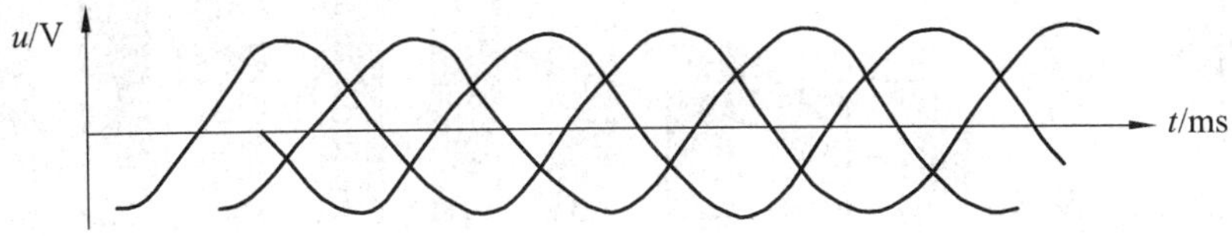

（d）

图 3.22　水平排列电力线通道的杂音波形

4）PLC 的发展展望

传统的 PLC 主要利用高压输电线路作为高频信号的传输通道，仅仅局限于传输话音、远动控制信号等，应用范围窄，传输速率较低，不能满足宽带化发展的要求。

3.3.4　微机电系统技术

1. MEMS 技术简述

MEMS（Micro-Electro-Mechanical Systems）是微机电系统的缩写。MEMS 主要包

括微型机构、微型传感器、微型执行器和相应的处理电路等几部分，它是在融合多种微细加工技术，并应用现代信息技术的最新成果的基础上发展起来的高科技前沿学科。MEMS 技术的发展开辟了一个全新的技术领域和产业，采用 MEMS 技术制作的微传感器、微执行器、微型构件、微机械光学器件、真空微电子器件、电力电子器件等在航空、航天、汽车、生物医学、环境监控、军事以及几乎人们所接触到的所有领域中都有着十分广阔的应用前景。MEMS 技术正发展成为一个巨大的产业，就像近 20 年来微电子产业和计算机产业给人类带来的巨大变化一样，MEMS 也正在孕育一场深刻的技术变革并对人类社会产生新一轮的影响。目前 MEMS 市场的主导产品为压力传感器、加速度计、微陀螺仪、墨水喷嘴和硬盘驱动头等。大多数工业观察家预测，未来 5 年 MEMS 器件的销售额将呈迅速增长之势，年平均增加率约为 18%，因此对机械电子工程、精密机械及仪器、半导体物理等学科的发展提供了极好的机遇和严峻的挑战。

2. MEMS 技术的发展历史

图 3.23 所示为 2002—2012 年消费类电子应用市场中，MEMS 加速度计的应收和出货量预测。

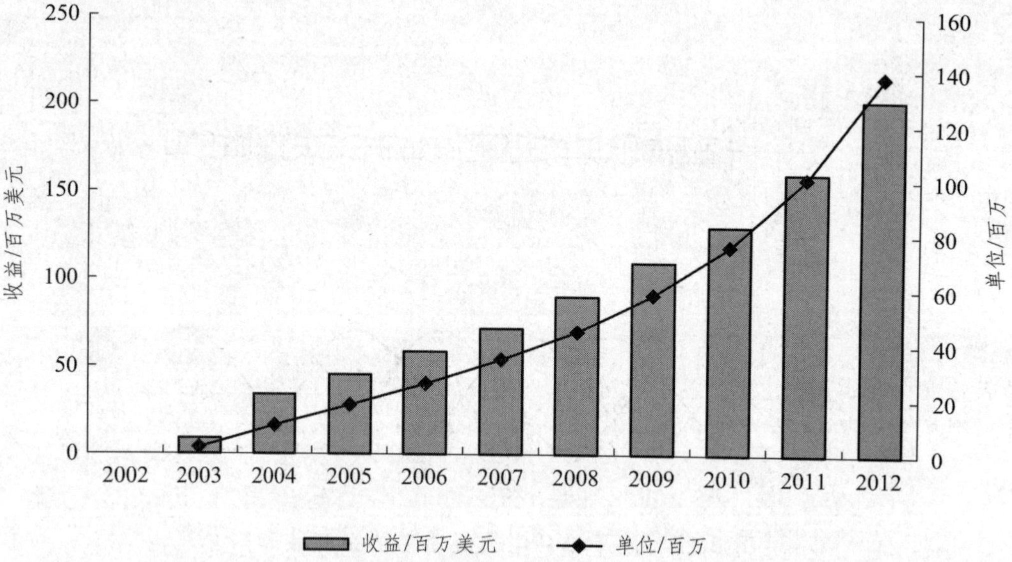

图 3.23　2002—2012 年消费类电子市场中 MEMS 加速度计的应收和出货量预测

3. 微传感器研究的现状与发展方向

（1）微机械压力传感器。

（2）微加速度传感器。

（3）微机械陀螺仪。

（4）微流量传感器。

微流量传感器不仅外形尺寸小，能达到很低的测量量级，而且死区容量小，响应时间短，适合于微流体的精密测量和控制，如图 3.24 所示。

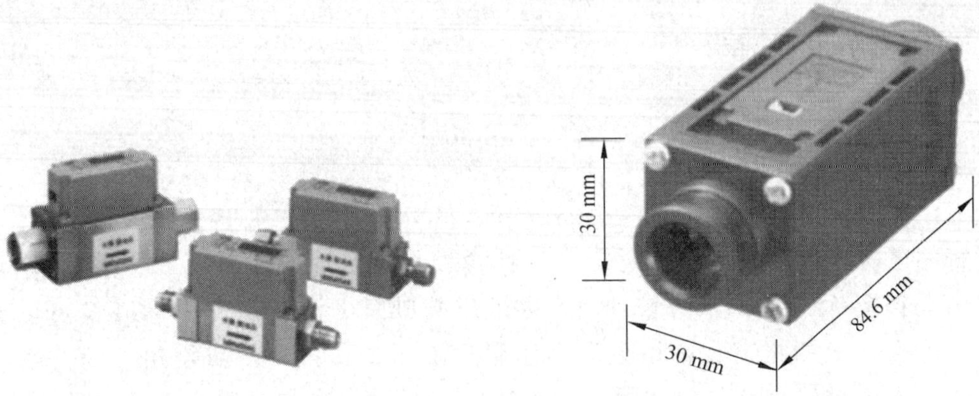

图 3.24　微流量传感器

（5）微气敏传感器。

气敏传感器的工作原理是声表面波器件的波速和频率会随外界环境的变化而发生漂移。图 3.25 所示即为微气敏传感器。

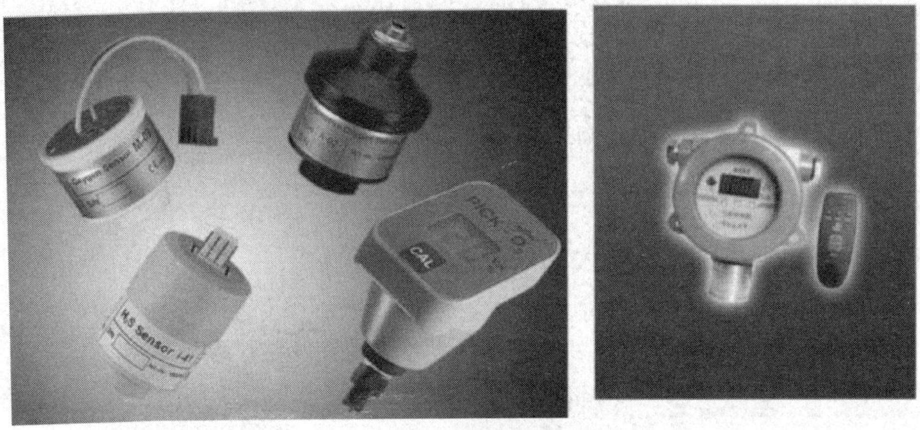

图 3.25　微气敏传感器

（6）微机械温度传感器。

制造温度传感器的材料：导体、半导体、电介质、磁性材料等，其中半导体温度传感器具有体积小、灵敏度高、响应速度快、易于集成等特点，长期以来一直是温度传感器的首选。

温度传感器分类：根据工作方式的不同，半导体温度传感器分为接触式和非接触式两大类。

① 接触式——主要通过检测热敏电阻的阻值变化或 P-N 结的结电压或结电容的改变来测量热源的温度。

② 非接触式——利用红外辐射产生的光电效应检测环境温度变化。

3.4 两个技术范畴

3.4.1 智能网络空间技术

设想一下，当你拿起柚子，它会告诉你含糖量及合理的糖摄入量；当你准备出门，计算机包会提醒你忘带了什么东西；当你坐进驾驶室，汽车会警示你酒精过度并拒绝行驶；当你在回家的路上，冰箱会告诉你储存了什么食物，并推荐相应的菜谱。家里冰箱空了，或者是储存食物快过保质期，冰箱会自动提示你赶紧去购买。

智能空间的目的是建立一个以人为中心的充满计算和通信能力的空间，让计算机参与到从未涉及计算行为的活动中，使用户能像与他人一样与计算机系统发生交互，从而使用户能随时随地、透明地获得人性化的服务，如图 3.26 所示。

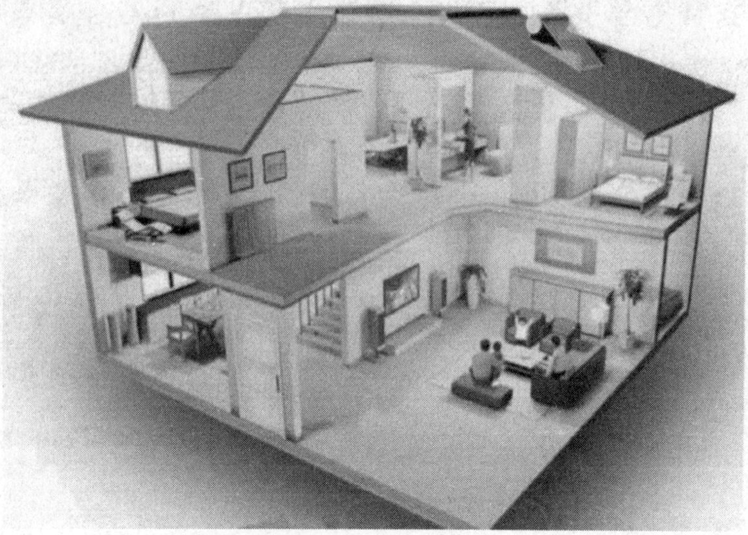

图 3.26 智能空间

3.4.2 物联网终端技术

物联网终端是物联网中连接传感网络层和传输网络层，实现数据采集及向网络层发送数据的设备。

1. 物联网终端的基本原理及作用

物联网终端内部结构如图 3.27 所示。

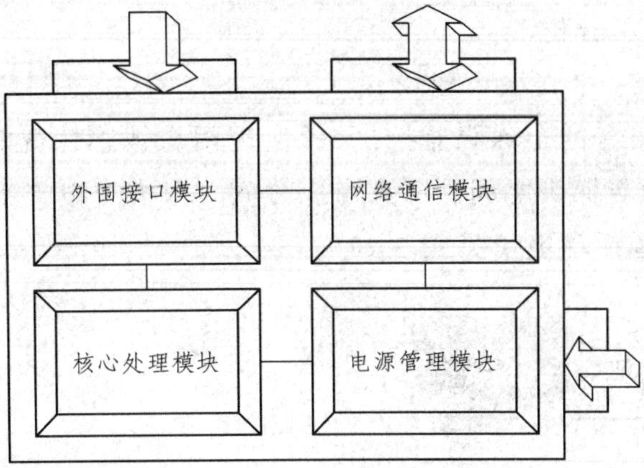

图 3.27 物联网终端内部结构图

2. 物联网终端的分类

1）按照行业应用分类

（1）工业设备检测终端。

（2）设施农业检测终端。

（3）物流 RFID 识别终端。

2）按照使用场合分类

（1）固定终端。

（2）移动终端。

（3）手持终端。

3）按照传输方式分类

（1）以太网终端。

（2）Wi-Fi 终端。

（3）3G 终端。

（4）4G 终端。

4）按照使用扩展性分类

（1）单一功能终端。

（2）通用智能终端。

5）按照传输通路分类

（1）数据透传终端。

（2）非数据透传终端。

3. 物联网终端的广泛应用

1）终端推广的最大障碍——终端的标准化

（1）硬件接口标准化。

（2）数据协议标准化。

2）终端的广泛应用分析

（1）应用型产品 1：平安城市建设。

利用部署在大街小巷的全球眼监控探头，实现图像敏感性智能分析，并与 110、119、112 等交互，实现探头与探头之间、探头与人之间、探头与报警系统之间的联动，从而构建和谐安全的城市生活环境（见图 3.28）。

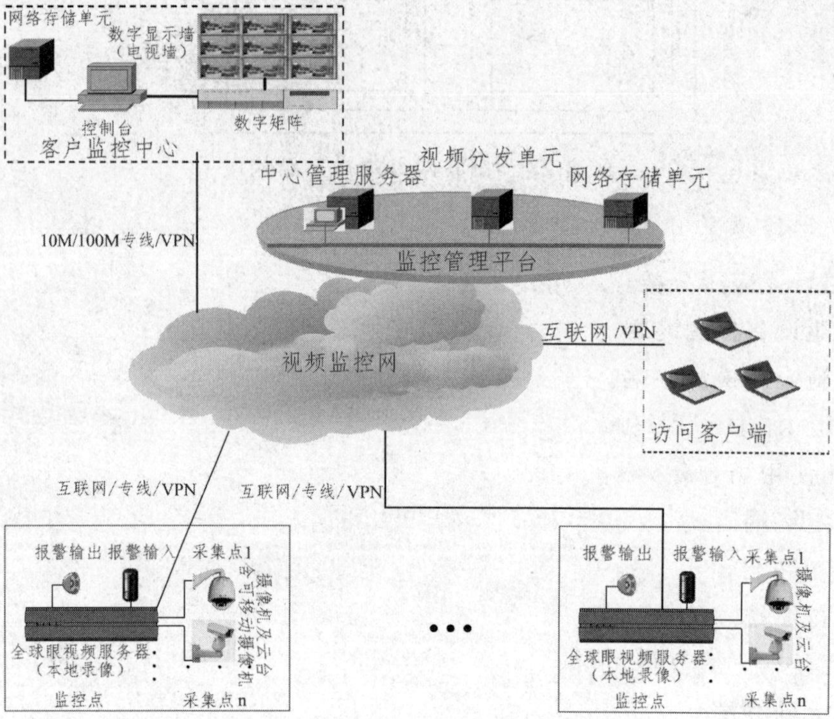

图 3.28　平安城市建设功能模型

（2）应用型产品 2：个人保健。

在人的身上安装不同的传感器，对健康参数进行监控，将监控数据实时传送给相关的医疗保健中心，如果有异常，保健中心会通过手机提醒用户去医院检查身体（见图 3.29）。

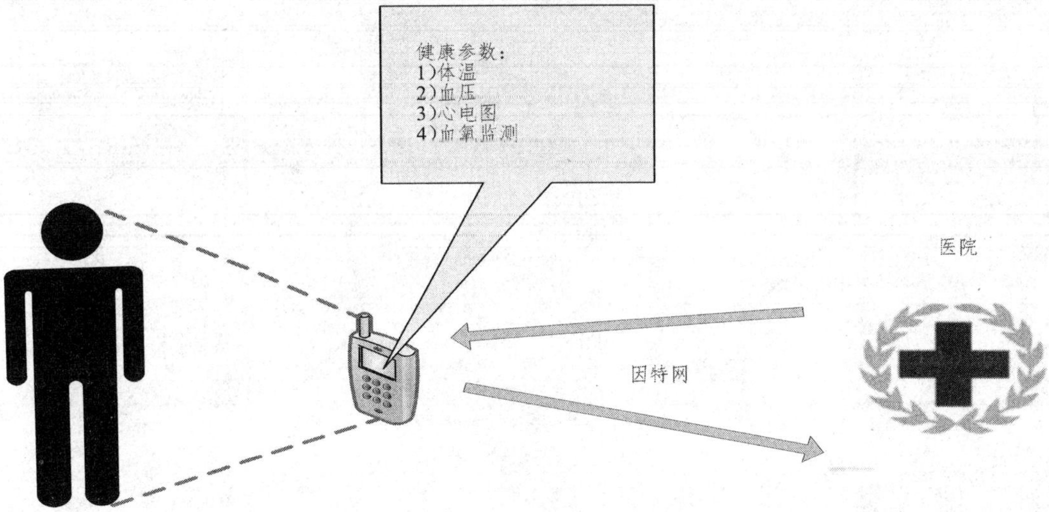

图 3.29 个人保健功能模型

（3）应用型产品 3：未来数字家庭。

2009 年 11 月 23 日，中国电信“物联网技术重点实验室”和“中国电信物联网应用和推广中心”正式挂牌。此前，中国电信一直致力于数字家庭的解决方案和实际运营。

数字家庭是以计算机技术和网络技术为基础，包括各类消费电子产品、通信产品、信息家电及智能家居等，通过不同的互连方式进行通信及数据交换，实现家庭网络中各类电子产品之间的“互联互通”的一种服务。

数字家庭的四大功能：信息、通信、娱乐和生活（见图 3.30）。

图 3.30 未来数字家庭模型

中国电信在 2006 年推出“我的 e 家”，成为首个为家庭客户量身打造的专署品牌，累计发展 3500 余万户，集 IPTV、家庭全球眼、无线宽带、家庭支付等娱乐、信息和通信功能于一体，数字家庭物联网平台如图 3.31 所示。

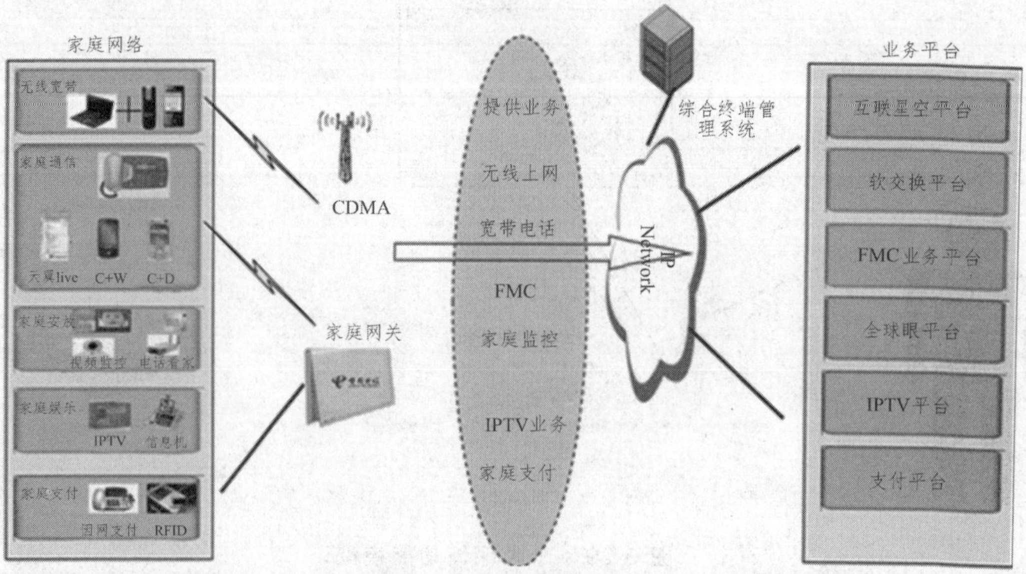

图 3.31 数字家庭物联网平台

4．物联网终端实例

1）家用机器人

本例所介绍的家用机器人，在结构上采用舵机加连杆的传动方式，机器人一共有 4 个自由度，整体外形如图 3.32 所示。

图 3.32 猫猫机器人外形设计图

2）物联网控制子网关

随着网络技术和通信技术的高速发展及人们居住理念的变化与提升，人们越来越追求生活细节的简单化和智能化，希望在日常家电设备中能植入智能化程序，享受“一键 OK”式的简单生活操作。

物联网控制子网关研究的主要目的是实现“红外遥控信号学习转发器”对遥控器的指令进行学习、存储以及还原转发，从而实现对相关遥控设备的集中控制。物联网控制子网关硬件实物图如图 3.33 所示，采用的是以 STC 单片机为核心的元件组成硬件平台，扩展红外收、发电路和串口通信电路，然后设计好 keil c51 单片机程序，最后将软件下载到硬件平台上。物联网控制子网关主要完成白色家电设备不同通信协议之间的转换和信息共享，以及同中央控制器之间的数据交换功能。物联网控制子网关工作方式如图 3.34 所示。

图 3.33 物联网控制子网关硬件实物图

图 3.34 物联网控制子网关工作方式

3）物联网智能药盒

由于独生子女政策和社会老龄化进程的加速，我国家庭构成通常是“四位老人、一对年轻夫妇加一个未成年小孩”的结构模式，传统的家庭养老方式难以为继。

图 3.35 就是远程医疗和物联网智能药盒的模型。

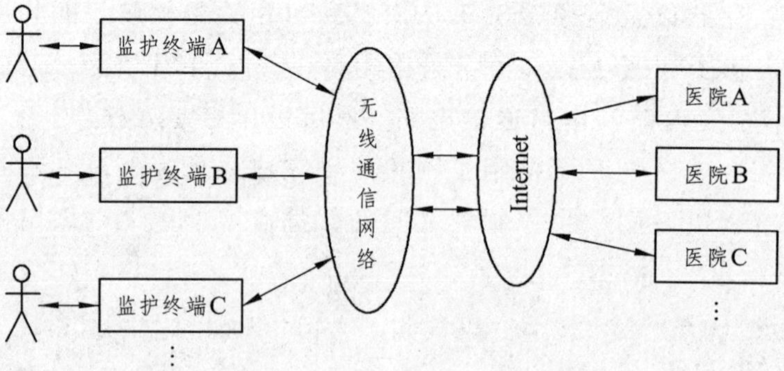

图 3.35 物联网智能药盒的远程医疗架构图

物联网智能药盒以老人为服务对象，外观设计上要考虑老人的认知特点与喜好。

图 3.36 是一个老人药盒的外观图，它具有一键呼救功能和自动吐药结构，并可完成良好的语音交互，提供温湿度和时间播报。

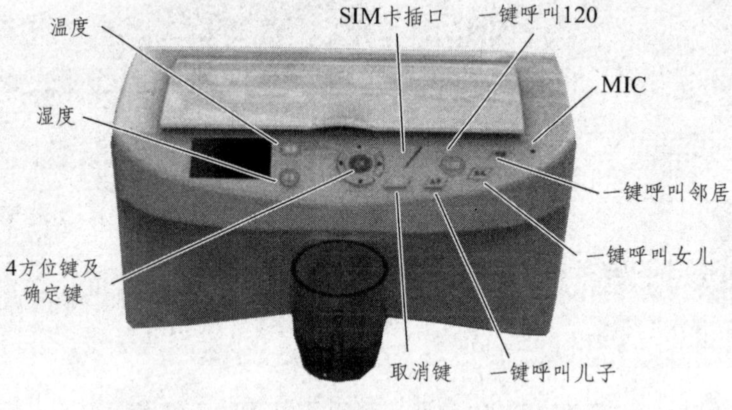

图 3.36 物联网智能药盒外形设计图

3.4.3 物联网的标准体系

作为新生事物的物联网其实并不新，早在 20 世纪就已孕育产生，但是发展较为缓慢，时断时续。

物联网各个组成部分根据需要，可以制订技术要求类标准和测试方法类标准，如图 3.37 所示。

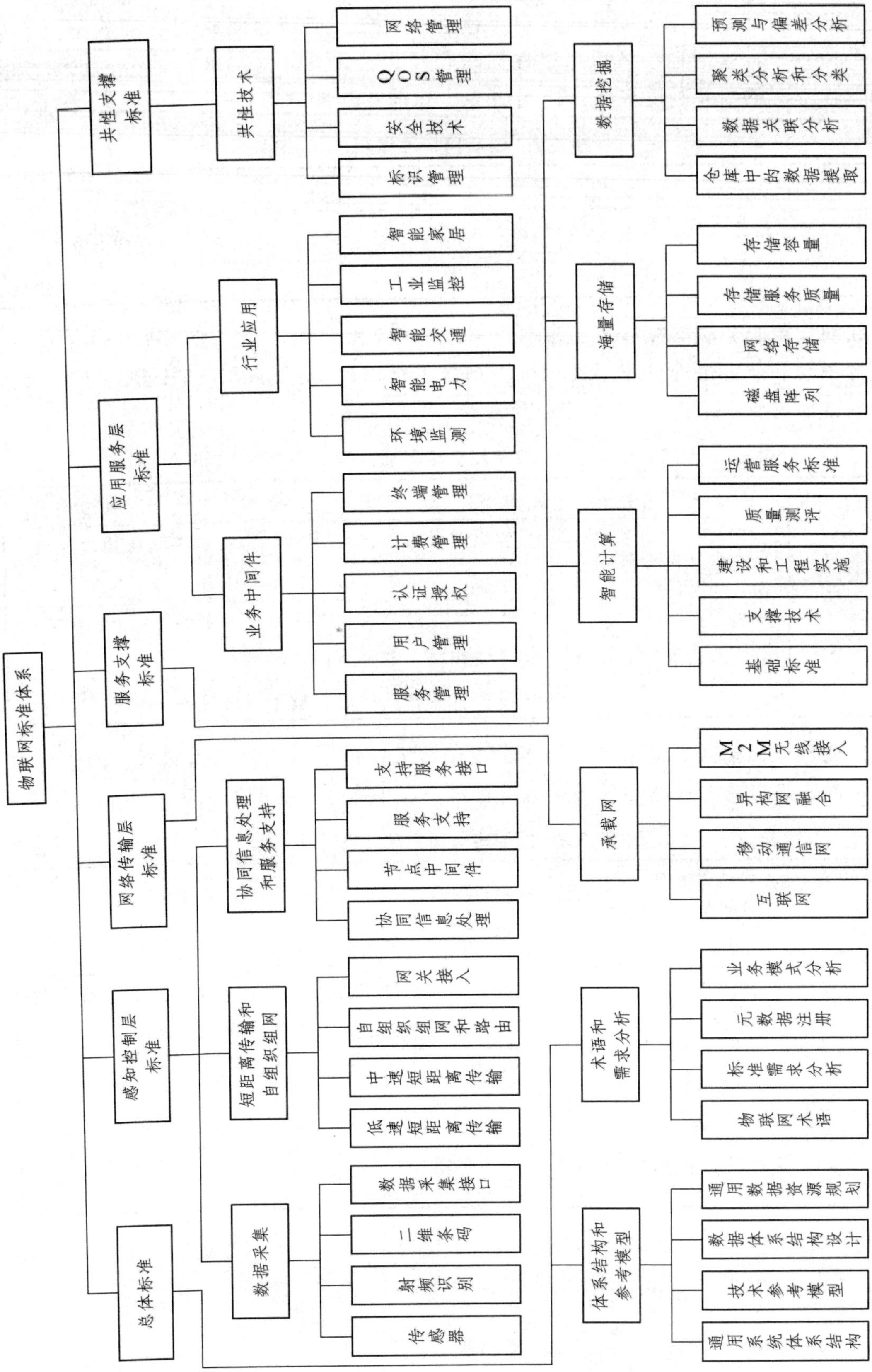

图 3.37　物联网标准体系框架

从物联网的学术研究角度分析，标准体系的建立应遵照全面成套、层次恰当、划分明确的原则。物联网标准体系可以根据物联网技术体系的框架进行划分，即分为网络传输层标准、感知控制层标准、应用服务层标准及共性支撑标准，如表 3.7 所示。

表 3.7 物联网标准体系

物联网标准体系	应用服务层标准	共性支撑标准
	网络传输层标准	
	感知控制层标准	

物联网应用服务层标准涉及的领域广阔，门类众多，并且应用子集涉及行业复杂，服务支撑子层和业务中间件子层在国际上尚处于标准化研究阶段，还未制订出具体的技术标准，如表 3.8 所示。

表 3.8 应用服务层标准分类

应用服务层标准	行业应用类标准	智能交通、智能电力、智能环境等相关系列标准
	公众应用类标准	智能家居总体技术标准、智能家居联网技术标准、智能家居设备控制协议技术标准等
	应用中间件平台标准	物联网信息开放控制平台基本能力标准、物联网信息开放控制平台总体功能架构标准、信息服务发现平台标准、信息处理和策略平台标准等

物联网网络传输层标准包括物物通信无线接入标准、电信网增强标准、网络资源虚拟化标准、环境感知标准和异构网融合标准等，如表 3.9 所示。

表 3.9 网络传输层标准分类

网络传输层标准	物物通信无线接入标准	面向物物通信增强系统设备和接口的技术和测试标准等
	电信网增强标准	面向物物通信针对移动核心网络增强的技术标准等
	网络资源虚拟化标准	网络资源虚拟化调用技术标准、网络资源虚拟化管理技术标准、网络虚拟化核心设备技术和测试标准等
	环境感知标准	认知无线电系统的技术标准，包括关键技术、未来应用、频谱管理的标准等
	异构网融合标准	不同无线接入网层面融合标准、不同无线接入技术在核心网层面融合标准等

物联网感知控制层标准包括数据采集技术标准、自组织组网和协同信息处理技术标准等，其中 RFID 技术标准、二维码技术及 IEEE 802.15 系列标准应用最广，如表 3.10 所示。

表 3.10 感知控制层标准分类

感知控制层标准	短距离无线通信相关标准	基于 NFC 技术的接口和协议标准、低速物理层和 MAC 层增强技术标准、基于 ZigBee 的网络层和应用层标准等
	RFID 相关标准	空中接口技术标准、数据结构技术标准、一致性测试标准等
	无线传感网相关标准	传感器到通信模块接口技术标准、节点设备技术标准等

共性支撑标准分别规范了物联网中物体标识的唯一性和解析方法，涉及各行业和社会生活的安全隐私解决方法、物联网的系统管理和服务质量问题等，如表 3.11 所示。

表 3.11 共性支撑标准内容

共性支撑标准	网络架构	物联网总体框架标准等
	标识解析	物联网标识、解析与寻址体系标准等
	网络管理	物联网管理平台标准、物联网延伸网终端远程管理技术标准等
	安全	物联网安全防护系列标准、物联网安全防护评估测试标准等

目前介入物联网领域的主要国际标准组织有 IEEE、ISO、ETSI、ITU-T、3GPP、3GPP2 等，具体研究方向和进展如表 3.12 所示。

表 3.12 物联网标准研究组织及进展

ITU-T（国际电信联盟）	2005 年开始进行泛在网的研究，研究内容主要集中在泛在网总体框架、标识及应用三个方面。对于泛在网的研究已经从需求阶段逐渐进入到框架研究阶段，但研究的框架模型还处于高层层面。在标识研究方面和 ISO（国际标准化组织）合作，主推基于对象标识的解析体系；在泛在网应用方面已经逐步展开了对健康和车载方面的研究
ETSI（欧洲电信标准化协会）	采用 M2M 的概念进行总体架构方面的研究，相关工作的进展非常迅速，是在物联网总体架构方面研究得比较深入和系统的标准组织，也是目前在总体架构方面最有影响力的标准组织。主要研究目标是从端到端的全景角度研究机器对机器通信，并与 ETSI 内 NGN 的研究及 3GPP 已有的研究展开协同工作
3GPP 和 3GPP2（第三代合作伙伴计划）	采用 M2M 的概念进行研究。作为移动网络技术的主要标准组织，3GPP 和 3GPP2 关注的重点在于物联网网络能力增强方面，是在网络层方面开展研究的主要标准组织。研究主要从移动网络出发，研究 M2M 应用对网络的影响，包括网络优化技术等。3GPP 对 M2M 的研究在 2009 年开始加速，目前基本完成了需求分析，已转入网络架构和技术框架的研究

续表

IEEE （美国电气及电子工程师学会）	主要研究在物联网的感知层领域。目前无线传感网领域用得比较多的 ZigBee 技术就基于 IEEE 802.15.4 标准。在 IEEE 802.15 工作组内有 5 个任务组，分别制定适合不同应用的标准。这些标准在传输速率、功耗和支持的服务等方面存在差异。其中，我国参与了 IEEE 802.15.4 标准的制定工作，并且 IEEE 802.15.4c 和 IEEE 802.15.4e 标准主要由我国起草
WGSN （传感器网络标准工作组）	2009 年 9 月成立，主要研究偏重传感器网络层面。宗旨是促进我国传感器网络的技术研究和产业化的迅速发展，加快开展标准化工作，认真研究国际标准和国际上的先进标准，积极参与国际标准化工作，建立和不断完善传感网标准化体系，进一步提高我国传感网技术水平
CCSA （中国通信标准化协会）	2002 年 12 月成立，研究偏重通信网络和应用层面。主要任务是为了更好地开展通信标准研究工作，把通信运营企业、制造企业、研究单位、大学等关心标准的企事业单位组织起来，进行标准的协调、把关。2009 年 11 月，CCSA 新成立了泛在网技术工作委员会（TC10），专门从事物联网相关的研究工作

3.5 云计算

“云计算”是与物联网互为支持的，它为我们带来的是这样一种变革——由谷歌、IBM 这样的专业网络公司来搭建计算机存储、运算中心，用户通过一根网线借助浏览器就可以很方便地访问，把“云”作为资料存储以及应用服务的中心。

云计算（Cloud Computing）是网络计算、分布式计算、并行计算、效用计算、网络存储、虚拟化、负载均衡等传统计算机技术和网络技术发展融合的产物，如图 3.38 所示。

图 3.38 云计算

云计算有以下四个显著特点：

（1）云计算提供了最可靠、最安全的数据存储中心，用户不用担心数据丢失、病毒入侵等麻烦。

（2）云计算对用户端的设备要求最低，使用起来也最方便。

（3）云计算可以轻松实现不同设备间的数据与应用共享。

（4）云计算为我们使用网络提供了无限多的可能。

4 信息处理与软件服务

实际上，物联网是一门综合性学科，它与人类智力活动以及智能科学技术紧密相关，是互联网、服务、信息处理、数据分析以及人工智能的融合。“物联网模型”与“人类智力活动基本模型”的对应关系如图 4.1 所示。

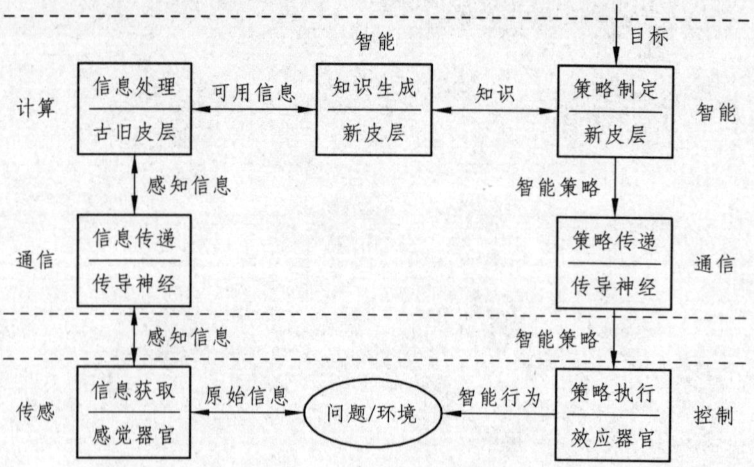

图 4.1 “物联网模型”与“人类智力活动基本模型”的对应关系

4.1 智能信息处理

物联网是一个十分复杂的系统，要构建一个高效的物联网，单纯依靠人工是不现实的。物联网的终端要有感知能力，能够在无人干预的情况下实现自我控制；一切物体都可以成为物联网的一部分，任何物体都可以信息化，比如物体的位置、大小、颜色等，都可以通过物联网转化为信息进行存储，这样就产生了海量数据。

4.1.1 开放复杂智能系统

人工智能（Artificial Intelligence，AI）是指应用机器实现人类的智能。它是在计算机科学、控制论、信息论、神经科学、心理学、哲学、语言学等多种学科研究的基础上发展起来的一门综合性很强的边缘性学科。

总的说来，人工智能研究的一个主要目标是使机器能够胜任一些通常需要人类智能才能完成的复杂工作。图 4.2 所示为具有人工智能的机器人。

图 4.2 具有人工智能的机器人

物联网作为一个复杂的系统，它的推广与普及给智能系统带来了新的挑战，促使我们在指导思想、技术路线、系统体系结构、计算模式等方面为智能系统的研究融入新的思想与技术源泉，使得智能系统的研究迈入新的阶段，即以开放复杂智能系统（Open Complex Intelligent System）特别是开放巨型复杂智能系统（Open Giant Complex Intelligent System）为研究对象、以社会智能为研究重点的综合集合阶段。

4.1.2 分布智能

分布式人工智能（Distributed Artificial Intelligence，DAI，简称分布智能）是随着计算机网络、计算机通信和并发程序设计等技术的发展而产生的一个新的人工智能研究领域。

1. 分布智能概述

分布智能主要研究在逻辑上或物理上分布的智能系统之间如何相互协调各自的智能行为，实现问题的并行求解。

分布式问题求解的主要任务是要创建大粒度的协作群体，使它们能为同一个求解目标而共同工作。其主要研究内容是如何在多个合作者之间进行任务划分和问题求解。在分布式问题求解系统中，数据、知识和控制均分布在各个结点上，并且没有一个结点能够拥有求解整个问题所需要的足够数据和知识，因此各结点之间必须通过相互协作才能有效地解决问题。

2. 智能 Agent

多 Agent 系统是由多个自主 Agent 所组成的一种分布式系统。其主要任务是要创建一群自主的 Agent，并协调它们的智能行为。

多 Agent 系统与分布式问题求解的主要差别在于，不同 Agent 之间的目标可能相同，但也可能完全不同，每个 Agent 都必须具有与其他 Agent 进行自主协调、协作和协商的能力。多 Agent 系统的研究重点包括 Agent 结构、Agent 通信和多 Agent 合作等。

Agent 结构是指 Agent 的组成方式。其基本结构包括反应 Agent、慎思 Agent 及混合 Agent 的结构。

Agent 的基本结构如图 4.3 所示。

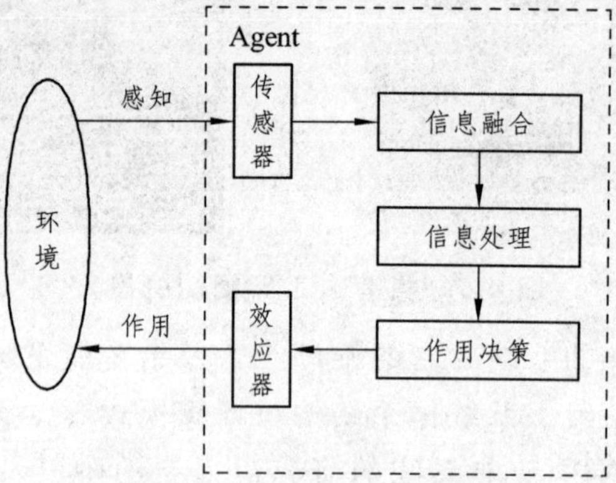

图 4.3 Agent 的基本结构

反应 Agent 是一种不含任何内部状态，仅是简单地对外界刺激产生响应的 Agent。其结构如图 4.4 所示，它采用“感知→动作”工作模式。

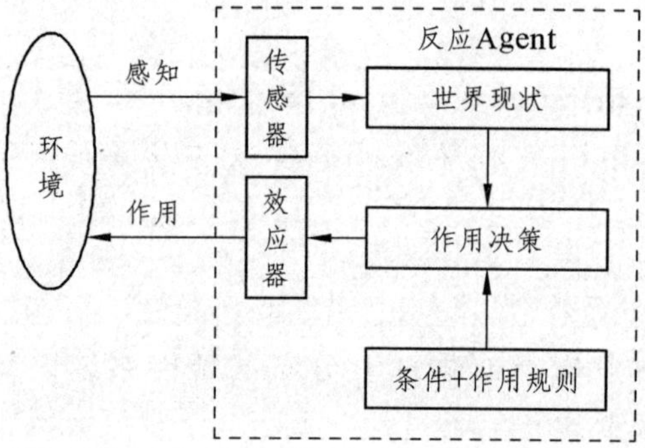

图 4.4 反应 Agent 的结构器

慎思 Agent 的基本结构如图 4.5 所示。在该结构中，Agent 的基本过程是先通过传感器接收外界环境信息，并根据内部状态进行信息融合，然后在知识库支持下制订规划、在目标引导下形成动作序列，最后由效应器作用于外部环境。

BDI 的含义是信念-愿望-意图（Blief-Disire-Intention，BDI），是一种典型的慎思 Agent 结构。

BDI 的概念如下。

信念：Agent 对其环境和自身的认识。信念不同于知识，一般认为，知识是为真的信念。下面是关于信念的几种不同的解释。

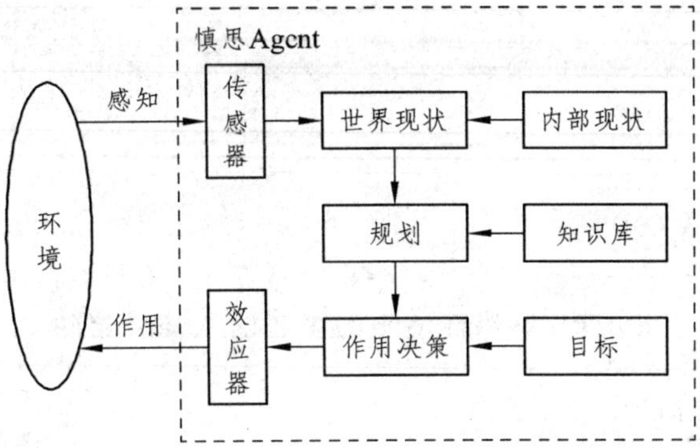

图 4.5 慎思 Agent 的基本结构器

信念表示尚未完全证实的命题。

信念表示不一定正确的命题。

信念表示对已有证据积累的一种函数，即对命题的相信程度。

愿望：Agent 希望达到的目标，这些目标可能有机会去实现，但也可能永远无法实现。在实际应用中，一个 Agent 的初始愿望，通常是人交给 Agent 的任务。

意图：Agent 为达到愿望而计划采取的动作步骤。意图也可看作是 Agent 行为的控制器，它将引导和控制 Agent 的当前选择和未来活动。一个 Agent 的意图可能会随着环境的变化而改变，即采取新的动作步骤。

BDI Agent 的结构如图 4.6 所示。

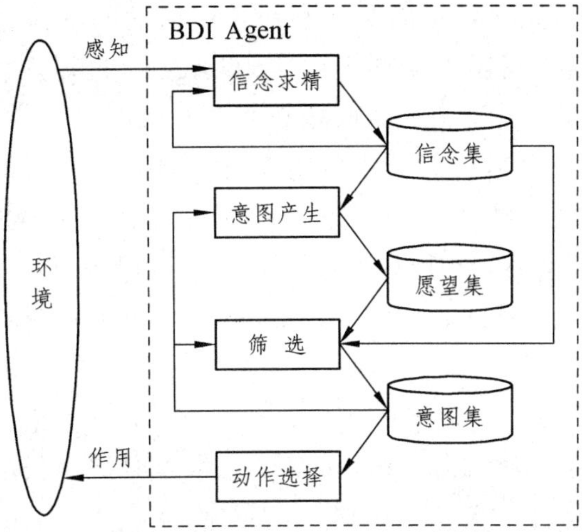

图 4.6 BDI Agent 的一般结构器

3. 多智能 Agent

多智能 Agent 的结构如图 4.7 所示。

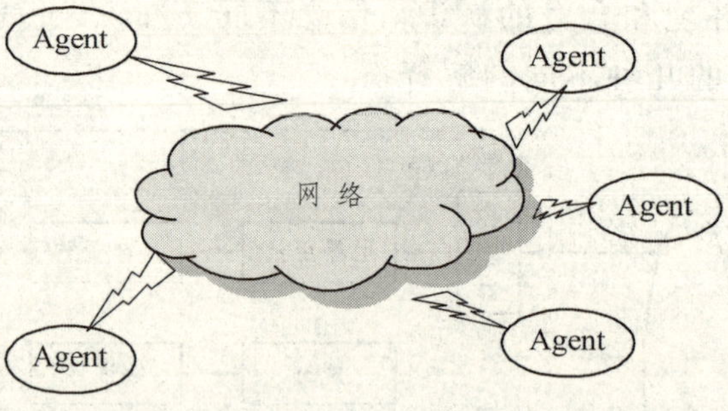

图 4.7 网络环境下的多智能 Agent 系统

多 Agent 的合作包括以下三方面。

1）Agent 协调

这是对 Agent 之间的相互作用和 Agent 动作之间的内部依赖关系的管理。它描述的是一种动态行为，反映的是一种相互作用的性质。它的两个最基本的成分是“有限资源的分配”和“中间结果的通信”。

常用的协调方法有以下三种。

（1）基于部分全局规划的协调：部分全局规划是指将一个 Agent 组的动作和相互作用进行组合所形成的数据结构。

① 所谓规划是部分的，是指系统不能产生整个问题的规划。

② 所谓规划是全局的，是指 Agent 通过局部规划的交换与合作，可以得到一个关于问题求解的全局视图，进而形成全局规划。

（2）基于联合意图的协调：意图是 Agent 为达到愿望而计划采取的动作步骤。联合意图则是指一组合作 Agent 对它们所从事的合作活动的整体目标的集体意图。

其典型例子是 Agent 机器人竞赛中的队内 Agent 机器人之间的协调问题，这些 Agent 既有自己的个体意图，又有全队的联合意图。

（3）基于社会规范的协调：基于社会规范的协调是一种以每个 Agent 都必须遵循的社会规范为基础的协调方法。所谓规范是一种建立的、期望的行为模式。社会规范可以对 Agent 社会中各 Agent 的行为加以限制，以过滤掉某些有冲突的意图和行为，保证其他 Agent 必需的行为方式，从而确保 Agent 自身行为的可能性，以实现整个 Agent 社会行为的协调。

2）Agent 协作

协作是指 Agent 之间相互配合一起工作。它是非对抗 Agent 之间保持行为协调的一个特例。

合同网是 Agent 协作中最著名的一种协作方法，被广泛应用于各种多 Agent 系统的协作中。其思想来源于人们在日常活动中的合同机制。在合同网系统中，所有 Agent 被分为管理者和工作者两种不同角色。

（1）管理者 Agent 的主要职责包括以下几方面。

① 对每一个需要求解的任务建立其任务通知书（Task Announcement），并将任务通知书发送给有关的工作者 Agent。

② 接受并评估来自工作者 Agent 的投标（Bid）。

③ 从所有投标中选择最合适的工作者 Agent，并与其签订合同（Contract）。

④ 监督合同的执行，并综合结果。

（2）工作者 Agent 的主要职责包括以下几方面。

① 接受相关的任务通知书。

② 评价自己的资格。

③ 对感兴趣的子任务返回任务投标。

④ 如果投标被接受，按合同执行分配给自己的子任务。

⑤ 向管理者报告求解结果。

合同网系统的基本工作过程如图 4.8 所示。

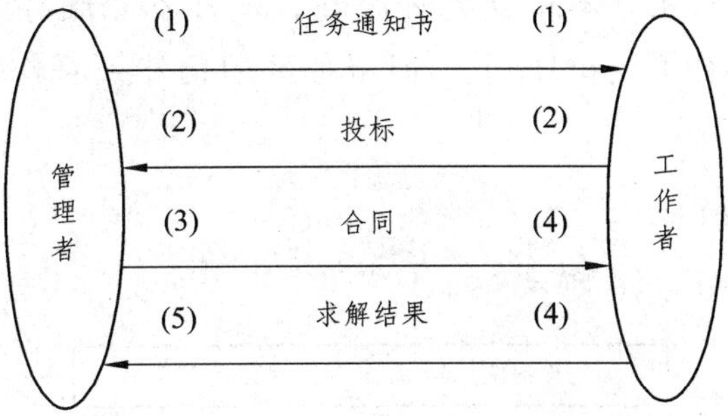

图 4.8 合同网系统的基本工作过程

3）Agent 协商

协商主要用来消解冲突、共享任务和实现协调，是多 Agent 系统实现协调和解决冲突的一种重要方法。

4. 多 Agent 应用示例

多 Agent 系统的应用非常广泛，诸如智能信息检索、分布式网络管理、电子商务、协同工作和智能网络教学系统等。以智能网络教学系统为例进行讲解，如图 4.9 所示。

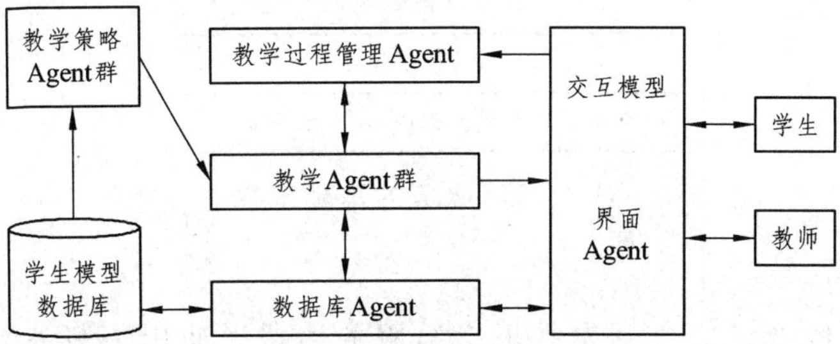

图 4.9 多 Agent 智能网络教学系统的基本结构

学生模型数据库是学生知识结构的反映。数据库 Agent 负责学生模型数据库、教学 Agent 群和界面 Agent 之间交互的管理。教学策略 Agent 群中的每个 Agent 都相当于一个教育家。教学过程管理 Agent 的主要功能是监视教学过程，并向教学 Agent 提供教学参考意见。教学 Agent 群是整个智能教学系统的核心，其中的每个教学 Agent 都相当于一个教师。界面 Agent 构成了系统的交互模型，它主要负责与学生或教师的交互。

4.2 服务科学分析方法

4.2.1 服务科学基本介绍

1. 什么是服务

长期以来，尽管人们无处不享受各种服务，但却不知服务为何物；尽管全世界服务业创造的增加值占 GDP 的 60%以上，但服务部门仍然被看作是第一、第二产业发展的“辅助部门或催化剂”。

2. 服务的基础架构

服务的基础架构如图 4.10 所示。

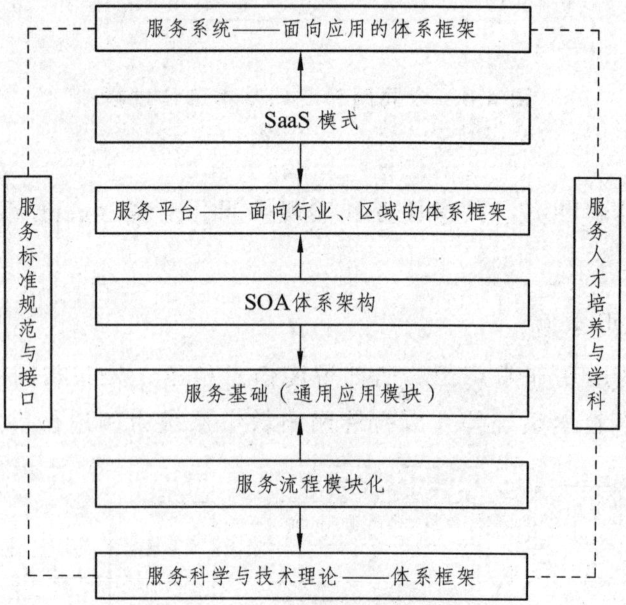

图 4.10 服务的基础架构

3. 服务的基本属性

服务由服务提供者定义、开发并提交给服务消费者使用，服务消费者通过复用和组装已经发布的服务来构建应用系统，满足应用的特定需求。

4.2.2 服务科学概念

服务科学概念的提出与美国 IBM 公司密切相关。

1. 服务科学概述

服务科学是一门新兴的复合交叉型学科，是计算机科学、运筹学、工业工程、管理学、经济学、社会学、行为科学、心理学等多种学科的集成，如图 4.11 所示。图 4.12 为对 SSME 研究具有主要支撑作用的三门已有科学。

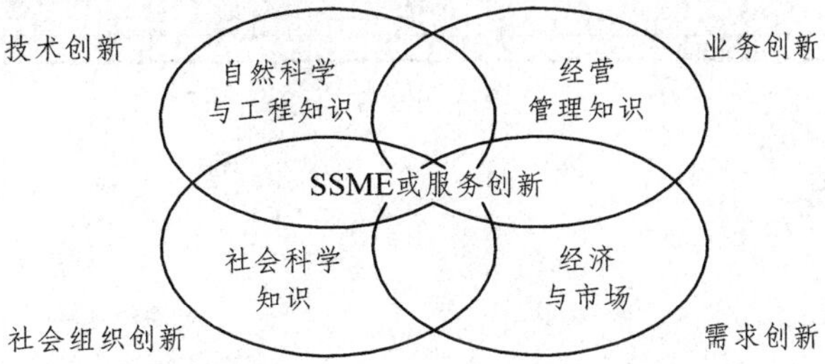

图 4.11 SSME 或服务创新产生于学科交叉

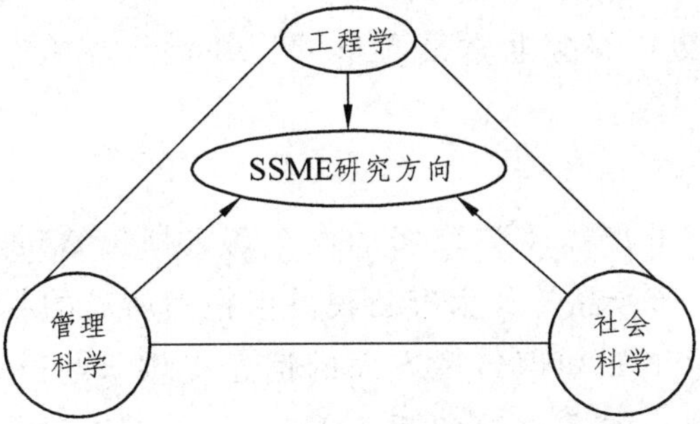

图 4.12 已有科学对 SSME 研究方法的支撑

2. 服务科学理论体系的构建

SSME 的体系主要有四部分：第一部分是理论研究；第二部分是服务管理；第三部分是服务创新；第四部分是服务工程。详细体系结构如表 4.1 所示。

表 4.1 服务科学的学科体系

服务科学	理论研究	服务科学理论
		服务经济
		服务市场
	服务管理	服务价值链
		服务外包
		服务营销
		服务运营

续表

服务科学	服务创新	顾客导向性
		服务组织变革
		服务测度
		服务心理学
	服务工程	服务优化
		服务资产化
		服务信息系统
		服务工程管理

4.3 方法与模型

4.3.1 服务科学的相关技术

ISO 9000标准的定义：服务通常是无形的，并且是在组织和顾客接触面上至少需要一项活动的结果。

服务的提供可涉及如下几方面。

（1）在顾客提供的有形产品（如维修的汽车）上所完成的活动。

（2）在顾客提供的无形产品（如为准备税款申报书所需的收益表）上所完成的活动。

（3）无形产品的交付（如知识传授方面的信息提供）。

（4）为顾客创造氛围（如在宾馆和饭店）。

服务的目的就是为了满足顾客的需要，并且需要一次把事情做好，没有调整的余地。顾客的需要通常包括在服务的技术标准中，或服务的规范中，有时也指顾客的具体需要。顾客的需要包括在组织内的有关规定中，也包括在服务提供过程中。

服务的条件是必须与顾客接触。这种组织与顾客之间的接触，可以是人员的，也可以是货物的。

服务的内容是发生在组织和顾客接触面上的一系列活动。服务产生于人、机器、设备与顾客或顾客的设备、货物之间互动关系的有机联系，并由此形成一定的活动过程，这就是服务。

1. 服务管理

1）管理重点的转变

服务管理意味着管理重点的转变。具体来说，主要的转变包括：

（1）从基于产品的效用向顾客关系中的总效用的转变。

（2）从短期交易向长期关系的转变。

（3）从核心产品质量或产出的技术质量，向持续的顾客关系中的全面顾客感知质量的转变。

（4）从把产品技术质量的生产作为组织关键过程向把开发和管理全面效用和全面质量作为关键过程的转变。

2）服务管理的特征

服务管理的特征包括：一般管理视角、顾客导向、综合方法、关注质量和内部开发与强化。从本质上看，服务管理有如下特点：

（1）它是一种一般的管理视角，应该用来指导所有管理领域的决策，而不仅仅为某个智能（如顾客服务）提供管理原则；

（2）它是顾客驱动或市场驱动的，而不是内部效率标准驱动的；

（3）它是一种综合视角，强调组织内容跨职能合作的重要性，而不是强调专业化和劳动分工；

（4）质量管理是服务管理内在的组成部分，而不是一个孤立的问题；

（5）员工的内部开发和强化他们对企业目标和战略的投入，是成功的战略性的先决条件，而不仅仅是行政管理任务。

3）业务服务管理

据 Gartner 公司调查发现，在经常出现的 IT 系统问题中，源自技术或产品方面的问题占 20%，而流程失误和人员疏失各占 40%。正如我们通常所说的，做好 IT 工作，三分靠技术，七分靠管理。那么，企业应该如何更好地进行 IT 管理呢？

进入 20 世纪 60 年代之后，信息系统开始兴起，此时 IT 管理除了进行 IT 设备的管理之外，还增加了对信息系统本身的管理。之后随着网络的兴起以及应用的快速发展，企业不断投资构建各种硬件、系统软件和网络设施，同时也开始实施企业资源计划（ERP）、供应链管理（SCM）、客户关系管理（CRM）、决策支持系统和知识管理系统等各种应用系统。

4）业务服务管理实施

BSM 解决方案能实现以业务为中心的 IT 服务与相对应的 IT 基础设施间的动态关联。因此，BSM 可为 IT 人员提供 IT 与业务影响相关的所需信息。BSM 解决方案通过提供企业轻松适应所需的结构，为 ITIL 实施“人员”提供帮助。通过流程自动化并为用户提供分步指导，并帮助企业更轻松地适应新流程。通过要求用户执行所需的所有步骤，还可加强新流程的采纳。以下 6 个步骤将逐步帮助企业过渡到以业务为核心的阶段，并增加服务管理实践的实施。

（1）起步——评估当前情况。

（2）确定最具改进潜力的领域。

（3）开发路线图。

（4）选择所需的流程和控制。

（5）选择最佳的 BSM 解决方案。

（6）实施 BSM 解决方案。

2. 服务技术

现代服务业贯穿于各行各业的必要条件就是现代服务中的技术和服务，技术主要体现在计算机技术、身份认证技术、计算机系统安全技术三个方面，这是在任何一个信息系统中都要考虑的问题。其中计算机技术包括计算机的信息处理和管理技术、网络服务技术等；身份认证技术包括信息确认技术、身份认证技术等；计算机系统安全技术包括物理安全技术、信息加密技术、网络控制技术和安全协议等。以上所列均为计算机科学研究的重点领域。

1）高性能计算机

电子计算机在诞生之初主要就是为科学计算服务的。到 20 世纪 60 年代，随着技术的成熟，计算机开始走向商业领域，且应用范围越来越广。为区别于“通用计算机”，专门针对科学计算进行优化设计的计算机开始被称为“高性能计算机”（HPC）。

20 世纪 70 年代出现的向量计算机可看作是第一代 HPC，通过在计算机中加入向量流水部件，大大提高了科学计算中向量运算的速度。

20 世纪 80 年代初期，随着 VLSI 技术和微处理器技术的发展，向量机一统天下的格局逐渐被打破，“性/价比”而非单一性能成为衡量 HPC 系统的重要指标。

20 世纪 90 年代初期，大规模并行处理（MPP）系统已开始成为 HPC 发展的主流，MPP 系统由多个微处理器通过高速互联网络构成，每个处理器之间通过消息传递的方式进行通信和协调。

2）并行编程环境

当前，比较流行的并行编程环境可分为 3 类：消息传递、共享存储和数据并行。

（1）消息传递。

在消息传递并行编程中，各个并行执行的任务之间通过传递消息来交换信息、协调步伐、控制执行。消息传递一般是基于分布式内存的，但同样也适应于共享内存的并行计算机。

（2）共享存储。

共享存储并行编程主要利用添加并行化指令到顺序程序中，由编译器完成自动并行化。共享存储模型仅被 SMP（Symmetrical Multi-Processing，对称多处理）和 DSM（Domain-Specific Modeling，领域定义建模）并行计算机所支持。

（3）数据并行。

数据并行编程指的是将相同的操作同时作用于不同的数据，从而提高问题求解速度。

3）高性能计算应用

回顾计算机问世至今的历史，高性能计算应用与高性能计算技术的发展是密不可分的。计算机技术的发展为高性能计算应用提供了强大工具和物质基础，应用开发也推动了高性能计算技术本身的发展。高性能计算技术被广泛地应用于核武器研究和核材料储存仿真、生物信息技术、医疗和新药研究、计算化学、天气和灾害预报、工业过程改进和环境保护等领域。值得注意的是服务领域近年来已逐步成为HPC新的用户。

信息爆炸使得存储的扩容和升级已经远远超出了处理器和网络的升级速度。随着互联网的广泛应用，金融机构、科研机构、电信邮政部门越来越依赖网络和计算机来处理、交换和传输关键业务数据。一些新的应用（如电子商务、电子政务、企业资源计划系统、客户关系管理等）对存储提出了新的要求。传统的直接硬盘存储以及采用多个外挂磁盘阵列的方式难以满足海量信息管理的要求，因为这些管理对于存储子系统的可扩展性、可靠性、安全性、高可用性、管理的有效性等要求较高。网络化存储通过引入网络的概念将存储独立于服务器，已经成为传统存储方式的有力替代者。最主要的三个新的替代者分别是网络连接存储（NAS）、存储区域网络（SAN）以及iSCSI（internet Small Computer System Interface）存储网络。

（1）NAS是在硬盘技术、RAID技术、网络通信协议和轻量文件系统固化等成熟的技术基础上开发出来的，并不是一项全新的技术。它是一种基于局域网（LAN）的、脱离服务器的网络智能存储设备，按照TCP/IP协议进行通信，并以文件的I/O形式进行数据传输。

（2）SAN是一种基于光纤通道的、独立于LAN的、以块形式传输的、由服务器和存储设备组成的高速专用存储子网。其管理软件可以从传统的网管软件和存储管理软件中吸取很多的技术和思路，但所涉及的FC（光纤通道）硬盘技术、协议实现、FC交换机、集线器和网桥都是新技术。这也意味着SAN的成本高昂，包括购买软硬件的成本和安装维护的成本。除此之外，由于SAN目前在业内还没有统一的标准，在互操作性、兼容性方面还有一些问题。

（3）iSCSI协议（也可称为IPSAN）将存储和IP网络相结合，使得用户可以在IP网络上传输块级的存储流量负载。iSCSI的协议、iSCSI适配器是新的技术，而用于连接的IP交换机、集线器以及网络管理都是成熟的，是建立在两个被广泛使用的技术之上：用于存储的SCSI命令和用于网络的IP协议。

网络、数据存储与访问同时基于IP，使得计算、网络和存储可以结为一体，同时，可在Internet范围内进行数据访问、备份、归档，在设备之间直接传输，减少服务器负担。

在国家高性能计算机工程技术研究中心与曙光公司等单位承担的863项目——“海量存储系统技术与集成”中，蓝鲸虚拟存储系统达到了世界先进水平。它是基于IPSAN技术的虚拟化网络存储系统，可为用户提供大容量、动态可扩展的虚拟存储空间。系统可以有效地将网络存储设备进行集中管理，并利用专用虚拟化技术使物理空间实现按需分配，提高了存储设备的空间利用率。

3. 服务运筹学

运筹学是一门利用科学方法，特别是使用数学方法解决资源的分配和使用的学科。它的实质在于建立和使用模型。尽管模型的具体结构和形式会有差别，总是与其要解决的问题相联系，但是我们可以抛弃这些差别，从最广泛的角度抽象出它们的共性。运筹学的工作过程如图 4.13 所示。

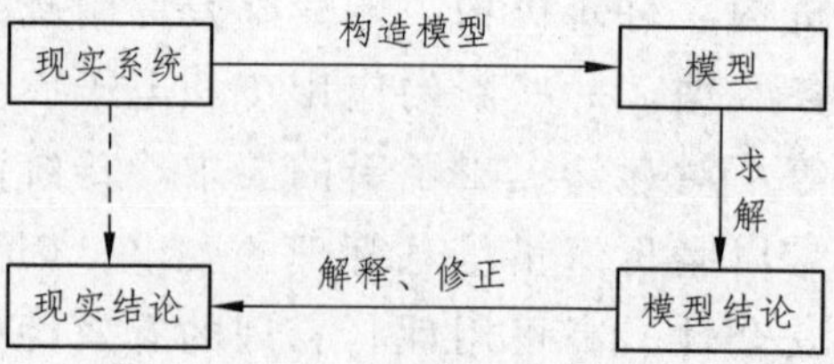

图 4.13 运筹学的工作过程

运筹学属于应用数学范畴，具体地说，它是一门管理数学，是一种通过对系统进行科学的定量分析，从而发现问题、解决问题的系统方法论。与其他的自然科学不同，运筹学研究的对象是“事”，而不是“物”，它揭示的是“事”的内在规律性，研究的是如何把事情做得更好的方式方法。

运筹学解决问题的一般过程如下：确定问题（提出界定问题）——问题导向适当选择（构造 OR 模型）——模型求解（优化求解过程）——检查模型的有效性（进行解的评价）——考察执行情况（提供决策支持）。

“服务科学”是以现代服务业为背景而兴起，融合了计算机科学、运筹学、经济学、产业工程、商务战略、管理科学、社会和认知科学以及法律等诸多科学的，研究发展以服务为主导的经济活动所需的理论和技术的一门新兴科学。

运筹学主要研究经济活动和军事活动中能用数量来表达的有关策划、管理方面的问题。事实上，服务管理和创新也需要运用运筹学的相关理论和知识。因此，从这种意义上来说，运筹学在服务科学的发展中起到了数学基础的作用，而服务科学则是运筹学在新世纪发展的一个重要应用方向。

1）运筹学在服务科学中的地位

（1）运筹学是服务科学研究的基础。

通过应用运筹学可以快捷、高效地解决服务科学的各种复杂问题。因此，运筹学在服务科学研究中起到了基础支点的作用。

（2）运筹学是服务科学的关键。

现在的服务越来越注重人的主观情感、心理、个人偏好选择等方面，而且也越来越趋于把科学精确的定量方法与定性的偏行为性的主观理念方法相结合。因此，从这个意义来说，运筹学是服务科学的关键。

（3）运筹学是服务科学的重要组成部分。

服务科学实质上是一门综合复杂的学科体系。在这个学科体系中，包含了诸如计算机科学、运筹学、经济学、产业工程、商务战略、管理科学、社会和认知科学以及法律等众多科学。因此，运筹学本身就包含于服务科学中，是服务科学的重要组成部分。

2）运筹学在服务科学中的应用

运筹学的应用是十分广泛的。在服务科学领域中，运筹学在服务科学中的应用主要体现在以下几个方面：

（1）数学规划论在现代服务中的应用。

（2）存储论在现代服务中的应用。

（3）图与网络分析在现代服务中的应用。

（4）对策论（博弈论）在现代服务中的应用。

（5）排队论在现代服务中的应用。

4. 博弈理论

博弈是一些个人、队组或其他组织，面对一定的环境条件，在一定的规则下，同时或先后，一次或多次，从各自允许选择的行为或策略中进行选择并加以实施，并从中各自取得相应结果的过程。

1）标准博弈结构

博弈的标准型（策略型）表述有三个基本要素：局中人、每个局中人可选择的战略、支付函数；而局中人、行动和结果统称“博弈规则”。

局中人（player）：即博弈的参加者，他是博弈中选择行动以最大化自己效用的决策主体，可以是个人、企业、国家等，有时甚至将“自然”作为“虚拟局中人”。

战略（strategies）：即博弈中存在局中人给定信息集的情况下的特定行动规则，以指导局中人在博弈中每一阶段的行动，如冷酷战略或以牙还牙战略（tit for tat）。信息集包含了一个参与人有关其他参与人之前的行动的知识。因此，局中人每一个合乎规则的行动清单就是一个战略 s_i。局中人 i 所有可选择的战略集合 S_i 就称为局中人 i 的战略空间（strategy space）；而所有局中人的一个战略组合 $s=(s_1, s_2, \cdots, s_n)$ 是向量空间 $S=\prod_i S_i$ 中的一点，后者称为战略组合空间。

行动：是局中人在博弈的某个时点的决策变量。战略和行动有一定的区别，战略是行动规则而不是行动本身；但在静态博弈中，战略和行动是相同的，因为作为局中人行动的规则，战略依赖于局中人获得的信息；正因为在静态博弈中，所有局中人同时行动，没有任何人能获得他人行动的信息，从而战略选择就称为简单的行动选择。

支付结构（payoff structure）：对应于每一种选择得到的策略组合所能带来的收益。如果局中人 i 选择战略 $s_i \in S_i$，在战略组合 $s=(s_1, s_2, \cdots, s_n)$ 下得到的支付记为 $\Pi_i(s)$；一个博弈的支付结构就体现为一个映射 Π：$S=\prod_i S_i \rightarrow R_n$。

2）扩展型博弈结构

除了上述三个要素外，在扩展型博弈中还有另外两个要素：每个局中人选择行动的时点和每个局中人在每次选择行动时有关其他局中人过去行动的信息。

信息：指局中人所具有的知识，特别是有关其他局中人的特征和行动的知识；实际上，上述的战略空间、支付结构、以及局中人的特征等就构成了博弈的信息结构。而完美信息（perfect information）是指一个局中人对其他局中人（包括自然）的行动选择都有准确的了解，即每个信息集只包含一个值。而完全信息（complete information）是指自然不首先行动和自然的初始行动被所有局中人准确观察到，即没有事前的不确定性。也就是说，关于博弈结构等是共同知识。显然，不完全信息意味着不完美信息，但逆定理不成立。

博弈次序：当存在多个独立博弈方时往往涉及行动次序问题。如果局中人同时选择行动，则称博弈是静态的；但是，如果局中人行动有先后，并且后行动者可以观察到前行动者的行动，并在这基础上采取自己最有利的策略，就成为动态博弈。

3）其他概念

共同知识：我们一般假设，博弈的结构是共同知识；所谓共同知识也就是对所有局中人而言都是常识，也就是莱布尼兹（Leibnitz）所谓的“世界的状态”，即：每个人都知道什么，每个人都知道其他人都知道什么；每个人做什么，每个人都认为其他人做什么；以及每个行为对每个人的效用，每个人认为每种可能的行为对其他每个人的效用。

可理性化：理性局中人仅使用对他关于其对手可能具有某些信念来说是最优反应的那些策略；也就是说，由于局中人知道对手的收益以及对手是理性的，因而就不应对他们的策略具有随意性的信念。因此，可理性化从局中人的收益和“理性”是“公共知识”的假设导出了对行动的限制。

均衡：所有局中人的最优战略的组合，一般记为：$S^*=(s_1^*, s_2^*, \cdots, s_n^*)$，其中 s_i^* 是第 i 个局中人在均衡情况下的最优战略。一般地，s_i^* 是给定 s_{-i} 情况下第 i 个局中人的最优战略，则有：$U_i(s_i, s_{-i}) \geqslant u_i(s_1, s_{-i})$。

策略表达式（标准式）：主要包括局中人集合、局中人策略空间集合以及支付函数，也往往称为正则型表示。假定一个对策中有 n 个局中人，对第 i 个人而言，其所选策略是 s_i，所有策略构成该局中人的策略空间 S_i。如果局中人的支付函数为 Π_i，则其所获得的支付为 $\Pi_i(s_1, s_2, \cdots, s_n)$。那么，该博弈就可以表示为：$G=\{S_1, S_2, \cdots, S_n; \Pi_1, \Pi_2, \cdots, \Pi_n\}$。

支付矩阵（payoff matrix）：有限双人博弈的标准型（策略型）也可用矩阵来表示。为方便起见，习惯上规定左边的数字表示矩阵左侧局中人 A 的盈利，右边数字表示矩阵上方局中人 B 的盈利。

展开型表达式：动态博弈的表达方式，一般用博弈树形象化表示。

5. 社会计算

1）社会计算的内涵

IBM 社会性计算组认为：“人是社会性的动物，人的各种行为都是发生在社会环境中，在社会性的交互中获得，而当人们在虚拟世界中交互的时候，却是不同的情况。”社会计算的重点应该网络交互，创建具有拟真性的虚拟网络世界。

Microsoft 社会计算组认为：“研究和开发有助于推动和影响社会交往的社会软件系统，重点强调用户中心的设计程序和快速建模。”重点在“社会交往”上，并就此推出了“Wallop”项目，探索人们如何分享媒介并在社会网络环境下进行对话和交流。

斯莱克（S.E.Slack）认为，社会计算是支持交互和交流的社会软件工具的使用。

王飞跃（中国科学院自动化研究所复杂系统与智能科学重点实验室研究员）认为，可以从两个方面或角度看待社会计算。

（1）从计算机或更广义的信息技术在社会活动中的应用，这一角度多限于技术层面而且有很长的历史。

（2）从社会知识或更具体的人文知识在计算机或信息技术中的使用和嵌入，反过来提高社会活动的效益和水平，这方面的工作刚刚兴起，涉及较深的社会人文理论和内容。

总之，社会计算是一门现代计算技术与社会科学之间的交叉学科。

从微观技术层面上，它是把计算机作为社会性交流媒体的技术应用。也即在社会交互活动中，它把信息系统作为社会性交往活动的“场所”和信息数据收集与操作的“空间”，从而使用不同形式的媒体，适当并且有效地支持社会活动实践。

从宏观社会层面上，它则是基于社会科学知识、理论和方法学，借助计算机技术和信息技术的力量，来帮助人类认识和解决各种事关重大的社会问题，使社会和谐的发展。

2）社会计算发展历史

社会计算是同互联网密切相连的，有关社会计算的概念最早可以追溯到美国科学与研究发展办公室主任万尼瓦尔（Vannevar Bush）于 1945 年在其著名的文章“As We May Think”中提出的“Memex”。

20 世纪 60 年代初，ARAR（the Advanced Research Projects Agency）主任 J.C.R .利克莱德（J.C.R .Licklider）的“Computer as a Communication Device”。

Internet 的前身 ARPANET 和 SRI 项目负责人道格拉斯·恩格巴特（Douglas Englebart）的 NLS（ONLine System）。

这里就是把计算机作为一个通信设备，而社会计算就是人与其社会行为，以及与计算技术交互之间的相互影响过程，其体现形式就是各种社会硬件或软件系统。早期的社会计算研究，着重于计算机支持下的协同工作（CSCW）。

近些年，随着 Internet 和 Web 技术的发展，大量体现社会计算特征的新应用和服务不断涌现，包括博客、维基百科、即时通信、互联网即时聊天、社会书签、开源社区、照片与视频分享社区及在线商业网络等。而着眼于宏观层面的社会计算，从以美国圣菲研究所为代表的研究机构提出的复杂自适应系统的理论开始，发展时间还很短暂，在一些领域虽已获得了一些理论研究成果，但由于社会系统的复杂性，在理论和应用方面都仍然存在许多难以解决的问题。

3）社会计算特点

去中心化、自下而上、可扩展性、社会性、开放性。

4.3.2 服务工程方法论

服务工程方法体系（Methodology for Service Engineering，MSE）即服务工程方法论，旨在研究用工程化方法指导服务系统设计、服务生命周期各阶段活动，从而达到最优服务质量、最优成本的目的。

4.3.3 方法论与霍尔工程方法

方法论是以方法为研究对象的科学体系，是系统化、理论化的关于方法的理论。它主要研究方法建立的原则、方法之间的关系以及如何正确应用这些方法等，是任何学科都要不断探索的重要问题。

霍尔三维结构是将系统工程的整个活动过程分为前后紧密衔接的七个阶段和七个步骤，同时考虑了为完成这些阶段和步骤所需要的各种专业知识和技能。这样，就形成了由时间维、逻辑维和知识维组成的三维空间结构，如图 4.14 所示。

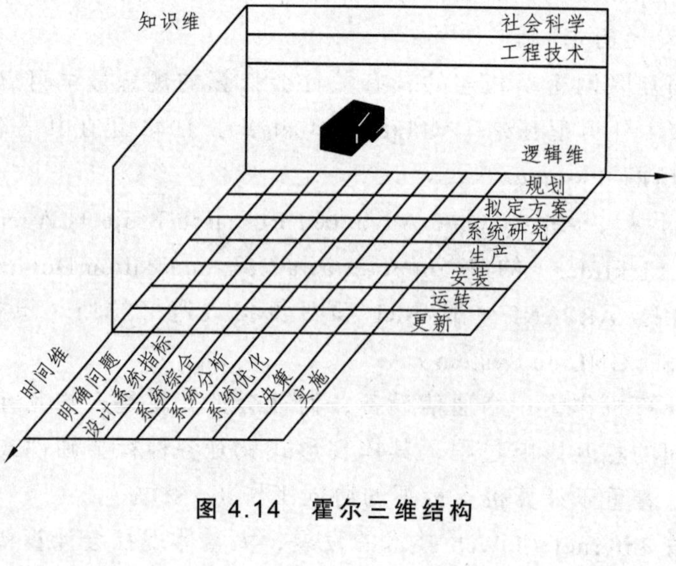

图 4.14 霍尔三维结构

4.4　服务科学的数学基础——运筹学及相关理论

4.4.1　服务科学与运筹学

服务科学事实上是研究如何运用科学的方法和原则，管理服务的组织过程和资源，以达到服务的效果和效率的学问。

4.4.2　运筹学概述

田忌赛马的故事说明在已有的条件下，经过筹划、安排，选择一个最好的方案，就会取得最好的效果。

1. 运筹学的定义

运筹学（operations research）是近几十年发展起来的一门新兴的应用性学科。其主要思想是运用数学模型方法研究各种决策问题的优化途径及方案，为管理决策者提供科学决策的参考依据。

系统工程的最重要的理论基础之一，在美国有人把运筹学称之为管理科学（management science）。运筹学所研究的问题，可简单地归结为一句话："依照给定条件和目标，从众多方案中选择最佳方案"，故有人称之为最优化技术。

《大英百科全书》："运筹学是一门应用于管理有组织系统的科学""运筹学为掌管这类系统的人提供决策目标和数量分析的工具。"

2. 运筹学的实质

引入数学方法解决实际问题

——强调量化为基础，为决策提供定量依据；

系统与整体性

——从全局考察问题，实现最优决策；

应用性

——源于实践，并在实践中得到发展；

交叉学科

——涉及经、管、理、工等多学科。

5 大数据时代

5.1 认识大数据时代

大数据时代的生活令人神往，人们对客观世界的认识更进了一步，所做的决策也不再仅仅依赖主观判断。甚至个体的一个习惯动作、一次消费行为、一份就诊记录，都会被巨大的数字网络串联起来。移动互联网风潮汹涌，大数据正悄悄包围着我们，甚至连世界经济格局也在酝酿着巨大变革。

最早提出“大数据”时代到来的是全球知名咨询公司麦肯锡。麦肯锡称：“数据，已经渗透到当今每一个行业和业务职能领域，成为重要的生产因素。人们对于海量数据的挖掘和运用，预示着新一波生产率增长和消费者盈余浪潮的到来。”

《纽约时报》在2012年2月的一篇专栏中宣称：“大数据”时代已经降临，在商业、经济及其他领域中，决策将日益基于数据和分析，而非基于经验和直觉。

哈佛大学社会学教授加里·金说：“这是一场革命，庞大的数据资源使得各个领域开始了量化进程，无论学术界、商界还是政府，所有领域都将开始这种进程。”

2012年3月美国奥巴马政府发布了“大数据研究和发展倡议”，投资2亿多美元，正式启动“大数据发展计划”。计划在科学研究、环境、生物医学等领域利用大数据技术进行突破。奥巴马政府的这一计划被视为美国政府继信息高速公路（Information Highway）计划之后在信息科学领域的又一重大举措。

2012年5月，联合国在名为《大数据促发展：挑战与机遇》的政务白皮书中，指出大数据对于联合国和各国政府来说是一个历史性的机遇，还探讨了如何利用包括社交网络在内的大数据资源造福人类。联合国的大数据白皮书还建议联合国成员国建设“脉搏实验室”（Pulse Labs）网络开发大数据的潜在价值。

随着一系列标志性事件的发生，人们越发感觉到大数据时代的力量。2013年被许多国外媒体和专家称为“大数据元年”。《大数据时代：生活、工作与思维的大变革》一书的作者维克托·迈尔·舍恩伯格说：“作为一个个体，如果拒绝大数据时代，可能会失去生命；如果作为一个国家，拒绝大数据时代，可能失去这个国家的未来，失去一代人的未来。”

大数据时代到来的必然性：

（1）硬件成本的降低。

（2）网络带宽的提升。

（3）云计算的兴起。

（4）网络技术的发展。

（5）智能终端的普及。

（6）电子商务、社交网络、电子地图等的全面应用。

（7）物联网技术的兴起。

1. 什么是“大数据”

目前对大数据尚未有公认的定义，不同的定义都是从其特征出发，试图给出大数据的定义。

大数据是指社会生产、生活和管理服务过程中形成的，依托现代信息技术采集、传输、汇总的，超过传统数据系统处理能力的数据，其具有数据量大、数据类型多、处理速度快的特点，通过整合共享、交叉复用、提取分析可获取新知识，创造新价值。

大数据包括：交易数据集和交互数据集在内的所有数据集。

大数据=海量数据+复杂类型的数据处理方法。

1）海量交易数据

企业内部的经营交易信息主要包括联机交易数据和联机分析数据，是结构化的、通过关系数据库进行管理和访问的静态、历史数据。通过这些数据，我们能了解过去发生了什么。

2）海量交互数据

交互数据源于 Facebook、Twitter、Linkedin 及其他社交媒体数据。它包括了呼叫详细记录 CDR、设备和传感器信息、GPS 和地理定位映射数据、通过管理文件传输 Manage File Transfer 协议传送的海量图像文件、Web 文本和点击流数据、科学信息、电子邮件等。可以告诉我们未来会发生什么。

3）海量数据处理

大数据的涌现已经催生出了用于数据密集型处理的架构，例如具有开放源码、在商品硬件群中运行的 Apache Hadoop。

2. 大数据有多“大”

全球数据流量发展如图 5.1 所示。

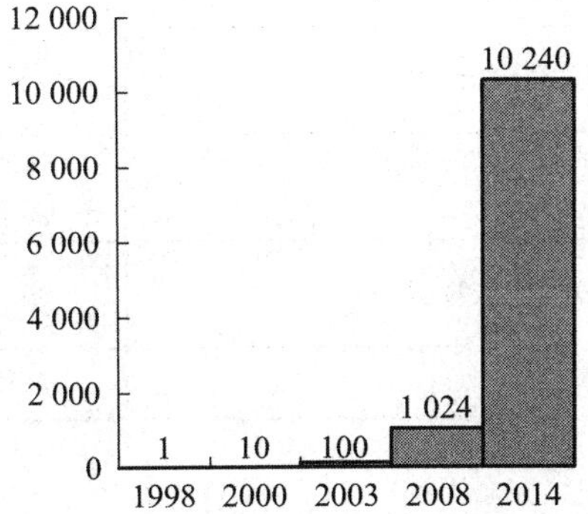

（a）全球网民月流量（MB）

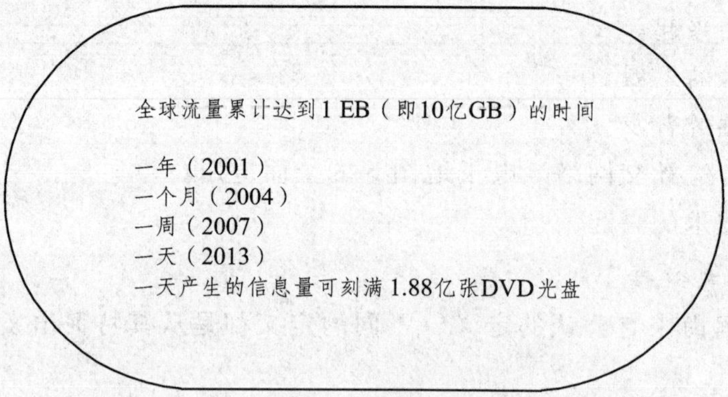

（b）全球流量累积时间

图 5.1 全球数据流量

我国网民数量居世界之首，每天产生的数据量也位于世界前列，如表 5.1 所示。

表 5.1 常见数据量列表

淘宝网站	单日数据产生量超过 5 万 GB
	存储量 4 000 万 GB
百度公司	目前数据总量 10 亿 GB
	存储网页 1 万亿页
	每天大约要处理 60 亿次搜索请求
一个 8 Mb/s 的摄像头	一小时能产生 3.6 GB 的数据
	一个城市每月产生的数据达上千万 GB
医院	一个病人的 CT 影像数据量达几十 GB
	全国每年需保存的数据达上百亿 GB

从数据库（Database，DB）到大数据（Big Data，BD），类似“池塘捕鱼”到“大海捕鱼”（“鱼”是待处理的数据）。数据库与大数据的比较如表 5.2 所示。

表 5.2 数据库与大数据比较

比较类别	数据库	大数据
数据规模	小（以 MB 为处理单位）	大（以 GB、TB、PB 为处理单位）
数据类型	单一（结构化为主）	丰富（结构化、半结构化、非结构化）
模式和数据的关系	先有模式后有数据（先有池塘后有鱼）	先有数据后有模式，模式随数据增多不断演变
处理对象	数据（池塘中的鱼）	“鱼”，通过某些“鱼”判断其他种类的“鱼”是否存在
处理工具	单一工具	多种工具

3. 大数据的 4V 特征

大量化、多样化、快速化、价值密度低就是“大数据”的显著特征，只有具备这些特点的数据，才是大数据。大数据4V特征的详细描述如表5.3所示。

表5.3　大数据的4V特征

<table>
<tr><td rowspan="10">大数据的4V特征</td><td rowspan="2">大量化</td><td>存储量大</td><td></td></tr>
<tr><td>增量大</td><td></td></tr>
<tr><td rowspan="6">多样化</td><td rowspan="4">来源多</td><td>搜索引擎</td></tr>
<tr><td>社交网络</td></tr>
<tr><td>通话记录</td></tr>
<tr><td>传感器</td></tr>
<tr><td rowspan="2">格式多</td><td>结构化的数据</td></tr>
<tr><td>非结构化的数据</td></tr>
<tr><td>快速化</td><td>高速数据I/O</td><td>互联网连接设备数量增长</td></tr>
<tr><td>价值密度低</td><td></td><td></td></tr>
</table>

4. 理解大数据

软件是大数据的引擎。

大数据的应用不仅仅是精准营销，通过用户行为分析实现精准营销是大数据的典型应用。大数据在各行各业特别是公共服务领域具有广阔的应用前景，例如消费行业、金融服务、食品安全、医疗卫生、军事、交通环保、电子商务、气象等。

如何让大数据更有意义是重点；对非结构化数据的内容理解是实现大数据资源化、知识化、普适化的核心。

非结构化海量信息的智能化处理技术包括自然语言理解、多媒体内容理解、机器学习等。

麻省理工学院数字商业中心的首席科学家安德鲁麦卡菲对北美33家上市公司的高管进行了结构性访谈之后发现：运用大数据做决策的那些企业，比其竞争对手在产能上高5%，利润上高6%。

大数据对行业的影响如图5.2所示。

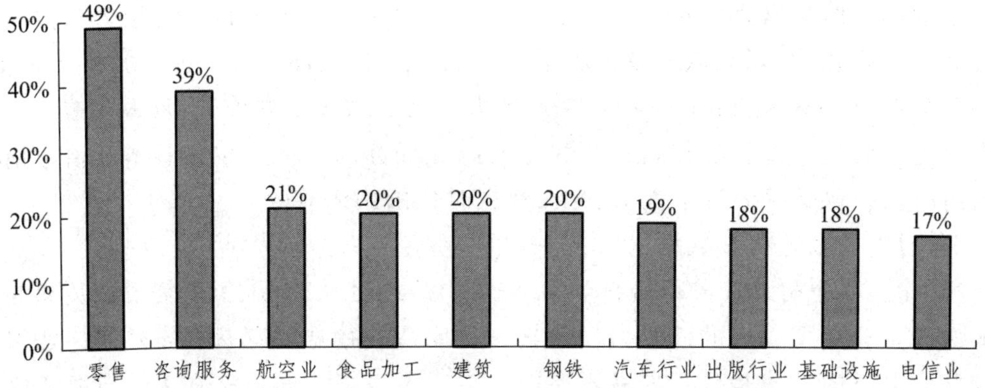

图5.2　利用大数据后对行业人均产出的影响

大数据生态系统如图 5.3 所示。

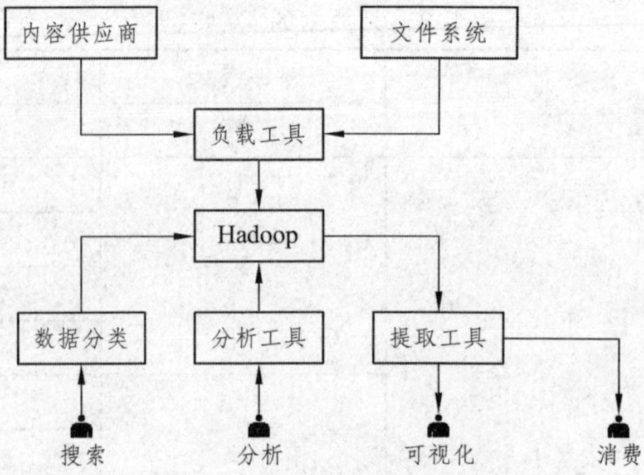

图 5.3 大数据生态系统

大数据产业链如图 5.4 所示。

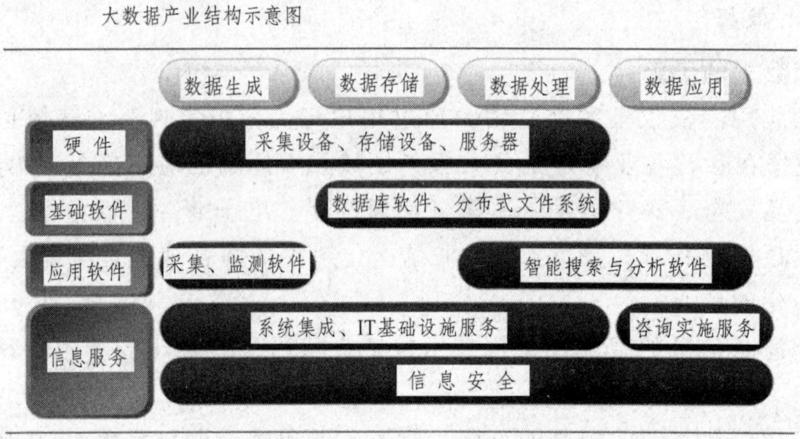

图 5.4 大数据包括的产业

5. 大数据泡沫

2013 夏季达沃斯开设专场：大数据概念是否被过度炒作？四位嘉宾分成正反两方，展开一场激辩。四位嘉宾中更年轻、更接近“技术宅男”的两位，持正方观点，其中一位是美国 Kaggle 公司总裁兼首席科学家 Jeremy Howard，另一位是加纳 MPedigree 网络公司总裁 Bright Simons，他们认为：“大数据已被过度炒作”。反方代表，一位是北京大学光华管理学院新媒体营销研究中心副主任苏萌，另一位是日本政治家山本一太（内阁成员，曾是摇滚音乐人），为大数据时代的到来欢呼。

1）我们真需要这么多数据吗？

美国 Kaggle 公司总裁兼首席科学家 Jermy Howard 认为：人类所需要的关系并不复杂，太多数据分解了人们的注意力。搜集这么庞杂的数据要花费很多时间，处理数据也是如此。最好的方式是只提取最重要的数据，不该把时间浪费在无关数据的搜集和处理上。加纳 MPedigree 网络公司总裁 Bright Simons 也认为：大数据面临着集中化的危险，对于人们而言，更重要的是“洞察”能力，是个人的自主性，从繁杂的大数据中挑选出有用的部分。

2）个人隐私怎么办？

在超市购物时，会员卡会记录你的消费信息，相关商品的打折促销活动会不定时发送到你的手机。上网时，你的 cookie 信息被读取，如果一年前你在电商网站里浏览了一张沙发，直到现在很多网页上都会自动弹出沙发的广告和促销信息，不管你需不需要。你在微博、人人等社交网站上发了一条“写论文好辛苦”的状态，结果每天都有无数的论文代写机构找上门来。我们的个人信息被各种数据供应商收集，成了数据产业链上无偿的原料。更令人担心的是，在网上任何设置了隐私屏障的信息在技术上都是可以被获取的。大数据时代，我们没有隐私，没有秘密。

3）如何保证数据安全？

只要信息以数据形式存在，就有安全隐患。数据可能泄露、被黑、被扭曲、被替换。网上订了一份鸡肉饭却送来了鱼丸粗面那是小事，结婚纪念日送太太的鲜花被写上了别人的名字却可能引发一场血案……而涉及国家安全的信息，更是十分敏感。一旦数据安全受到威胁，大数据会产生大隐患。

2007 年，爱沙尼亚遭到黑客攻击，由于该国政府部门和私营部门的数据集中存放，网络攻击导致该国几乎全面瘫痪。

（1）从投资方向上看：国内与国外在信息基础设施方面 1∶18 的差距无疑暴露了国内企业在信息基础设施领域的短板。

（2）从技术上看：信息的存储、接口设计、高速计算等基础设施类的业务无硬件技术不能支撑；相对来说，实际应用类的产品，一个成熟的工程开发团队能够快速复制成功案例。

（3）从时间上看：国外大数据的基础设施建设并非一开始就出现，也是经过长期的应用产品的积累期，需要有技术和理念的成长。因此，国内公司的这种落后是成长的必由之路。

5.2 大数据相关技术

1. 大数据分析技术

（1）数据处理：对文本、语音数据，采用自然语言处理技术进行分析。

（2）统计和分析：对数据进行分类统计，然后分析。比如排行榜分析、地域分析、消费喜好分析等。

（3）数据挖掘：对数据的内在关系进行分析，包括数据分类、聚类、关联规则分析等。

（4）模型预测：根据已有数据进行建模，利用建模进行预测分析，同时利用机器学习对模型进行优化升级。

2. 大数据存储检索技术

（1）数据采集：ETL（数据格式转换）工具。

（2）数据存取：结构化数据采用关系数据库；图片、音视频、文件等非结构化数据采用 NoSQL。

（3）存储基础架构支持：采用云存储、分布式文件系统等。

（4）计算及结果展现：采用云计算、标签云、关系图等。

3. 解决方案

（1）分布式存储与分布式计算技术（如 Hadoop 软件平台）。

（2）流计算技术。

（3）能够在不同的数据类型中，进行交叉分析的技术，是大数据的核心技术之一。语义分析技术、图文转换技术、模式识别技术、地理信息技术等，都在大数据分析中获得应用。

4. 大数据的展现方式

展现方式：大型控制中心、移动终端。

在多样性、体量、速度三大特征（见图 5.5）的指引下，大数据将有新型的展现方式：大型控制中心和移动终端，实现数据的实时处理和快速决策。

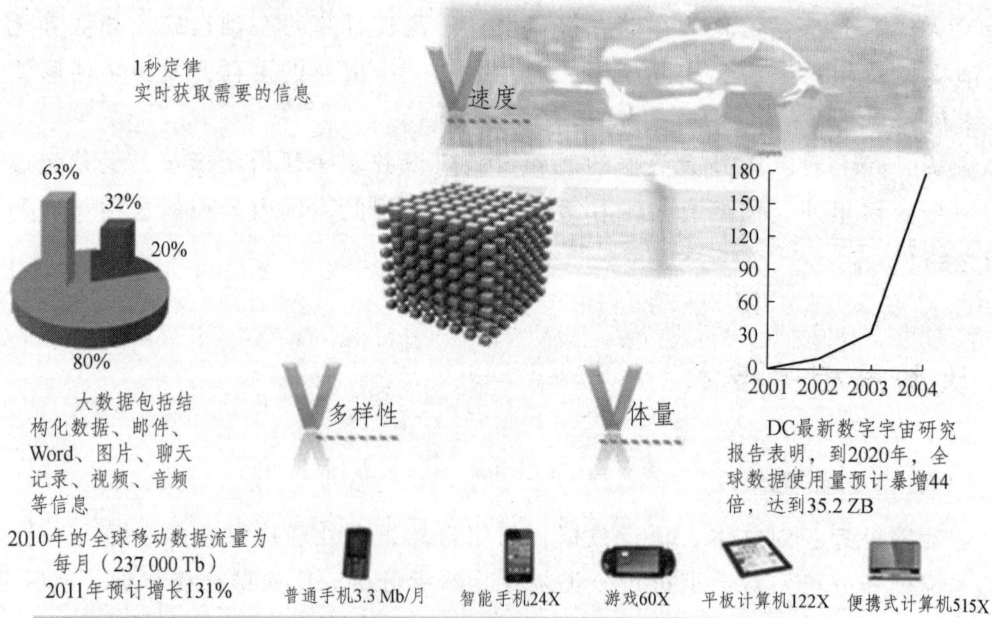

图 5.5 大数据的三大特征

5. 大数据的组成部分

大数据的来源如图 5.6 所示。

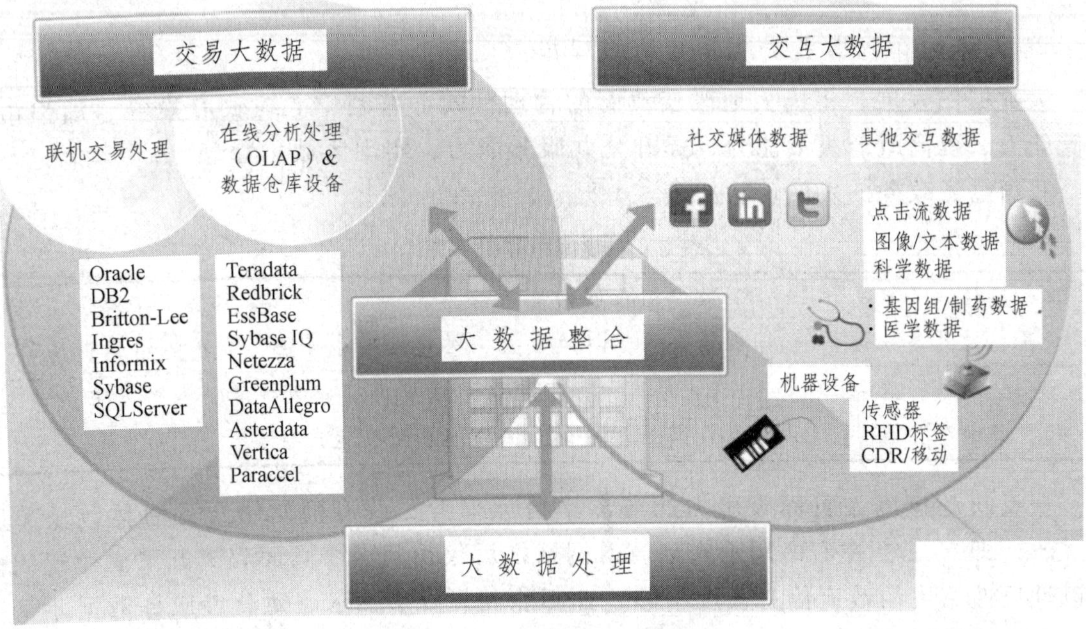

图 5.6 大数据的来源

（1）大数据技术：包括图像、音频、视频、非结构化、社交关系数据处理等技术。

（2）IT 系统改造商：包括大数据咨询公司、集成商等。

（3）终端提供商向数据提供商演进：需要对现有客户数据的深度把握、建立客户之间的社交和联系。

5.3 大数据的应用领域

大数据的应用领域包括：教育学、情报学、公共服务、天文学、电子政务、传媒业、生物科学、商业智能、图书馆学、气候学、企业管理、市场营销、金融学、生活娱乐、选举等。

1. 大数据在政治领域的应用

大数据帮助奥巴马成功实现连任，奥巴马的数据团队对数以千万计的选民邮件进行了大数据挖掘，精确预测出可能拥护奥巴马的选民类型，并进行有针对性的宣传，从而帮助奥巴马成为美国历史上第一位在竞选经费处于劣势下实现连任的总统。

奥巴马的例子告诉我们，只要数据量够大、够及时、挖掘够深刻，我们完全可以洞悉每个选民的投票概率。迅速普及的互联网与移动互联网，悄然为记录人的行为数据提供了最为便利、持久的载体。最重要的是，在这些强大的数据收集终端面前，人们没有掩饰的意图，从而创造着过去无法收集与分析的海量数据，这让所有社会科学领域能够从宏观群体走向微观个体，让跟踪每一个人的数据成为可能，从而让研究人性成为可能。

2. 大数据在我国电子政务领域的应用

大数据的发展，将极大地改变政府的管理模式，有利于节约政府投资、加强市场监管能力、提高政府决策能力、提升公共服务能力，实现区域化管理。

我国电子政务的发展现状如表 5.4 所示。

表 5.4 我国电子政务现状

重性质性政务信息 轻量化性政务数据	政府门户网站信息以文本、图片、视频等非结构化信息为主，但没有关于财政税收、医疗保险等可量化分析的结构化数据
重"一站式"服务 轻"激励型"服务	"一站式"服务包括申请、办证、审批等，忽略了开放原生态数据激发社会主体的创造性、主动性

从反映政府网站页面吸引力的跳出率指标来看，政府网站用户的总体跳出率为 63.33%，即有 2/3 左右的用户来到政府网站之后仅访问一个页面就离开了。这说明当今以性质性为主的政府信息黏度不够，并不能满足社会需求，量化性政务数据才是社会真正急需的。

目前，我国有 60 多个城市，将构建"智慧城市"的目标列入政府规划中。智慧城市即利用大数据的整合和分析来治理社会。目前，大数据已上升为国家战略。

大数据背景下，我国电子政务创新模式的转变如下。

1）关注焦点——从信息向数据转变

（1）数据是生成信息和知识的原始素材。

如将我国城镇居民医疗数据与保险数据对比分析可以优化保险企业报销比例，发现虚假报销行为；与制药厂数据比对分析可以调节药品的生产量与销售渠道。但医疗政策信息并不能发挥这样的作用。

（2）数据是舆情监督的有利依据。

2008 年，政府公布 4 万亿元的经济刺激计划，但社会对资金的具体去向及其准确数额却无从得知；汶川地震灾后重建近 2 亿资金的用途也因没有准确的数据公开而被暗箱操作，违规使用……当今电子政务中，信息公开实质是性质性信息的公开，而数据才是舆情监督的真正依据。

从信息向数据的转变是政府从保密走向公开的转变。

2）大数据增值基础——从公开向发布、开放转变

（1）大数据时代，数据增值的关键在于数据的整合与分析，整合的前提就是数据的开放。

（2）数据公开、发布是有限制的；数据开放是无限制的。

数据公开是意识上的、被动的；数据发布是行动上的、主动的。（政府态度从被动转为主动；数据从点对点转为面对面。）

3）行为方式——从独立向协同转变

（1）内部协同：各地区政府、各层级政府和各部门之间。

如济南电子政务数据交换平台实现了工商、国税、质检、公安、社保等 20 多个部门涉税数据的共享，国税局与地税局通过数据比对，发现了 25 000 条数据差异，落实纳税企业 5 000 多户，补缴税款 2 700 多万元。

（2）外部协同：政府与社会之间自上而下、自下而上的互动。

3. 大数据在金融领域的应用

1）大数据助力推进高频金融交易和小额信贷

（1）高频交易：实时性要求高、数据规模大。

目前沪深两市每天 4 个小时交易时间会产生 3 亿条以上逐笔成交数据，通过对历史和实时数据的挖掘创新，以创造和改进数量化交易模型，并将之应用于基于计算机模型的实时证券交易过程中。

（2）小额信贷。

阿里巴巴和建行在 2007 年推出一个专注于小企业的贷款计划——e 贷通，阿里巴巴利用拥有的用户信息及交易数据，通过大数据技术自动判定是否给予企业贷款；而建行坐拥巨额资金，希望贷款给无信用记录但发展势头良好的小企业。到 2012 年底，阿里巴巴累计服务小微企业超过 20 万家，放贷 300 多亿元，坏账率仅为 0.3%左右，低于商业银行坏账率水平。

2）大数据协助金融企业精准营销

招商银行通过数据分析识别出招行信用卡高价值客户经常出现在星巴克、DQ、麦当劳等场所后，通过“多倍积分累计”“积分店面兑换”等活动吸引优质客户；通过构建客户流失预警模型，对流失率等级前 20%的客户发售高收益理财产品予以挽留，使得金卡和金葵花卡客户流失率分别降低了 15%和 7%；通过对客户交易记录进行分析，有效识别出潜在的小微企业客户，并利用远程银行和云中介平台实施交叉销售，取得了良好成效。

虽然目前在金融业大数据的研究与应用还处于初级阶段，但是价值已经显现出来。未来，大数据可能成为最大的金融交易产品。将来的金融大数据将会如基础设施一样，有金融数据提供方、金融监管者、金融大数据的交叉复用等，最终将成为金融业进行重要活动的基础设施。

4. 大数据在教育领域的应用

美国联邦政府教育部 2012 年参与了一项耗资 2 亿美元的公共教育大数据计划，旨在通过运用大数据分析来改善教育。联邦教育部从财政预算中支出 2 500 万美元，运用大数据理解学生在个性化层面是怎样学习的。

美国高中生和大学生的糟糕表现：高中生退学率高达 30%（平均每 26 秒就有一个高中生退学），33%的大学生需要重修，46%的大学生无法正常毕业。大数据能否拯救美国的公立教育？比尔·盖茨曾打赌说，利用教育大数据数据分析能够提高学生的学习成绩，拯救美国的公立学校系统。他称过去十几年里教育领域的技术发展陷入了停滞，研发投入远远不够。盖茨充满信心地认为，教育技术未来发展的关键在于数据。

在加拿大，教育科技公司“渴望学习”（Desire 2 Learn）已经面向高等教育领域的学生，推出了基于过去的学习成绩数据预测并改善未来学习成绩的大数据服务项目。通过监控学生阅读电子化的课程材料、提交电子版的作业、在线与同学交流、完成考试与测验，就能让计算机程序持续、系统地分析每个学生的教育数据。老师得到的不再是过去那种“只展示学生分数与作业的结果”，而是像“阅读材料的时间长短”等这样更为详细的重要信息。这样老师就能及时诊断问题所在，提出改进建议，并预测学生的期末考试成绩。

5. 大数据在生活娱乐方面的应用

1）爱在哪儿——《爸爸去哪儿》大数据解读

新华社新媒体中心联合数托邦创意分析工作室抓取了新浪微博上提及“爸爸去哪儿”45.5 万条原创微博，并对 36.7 万独立原发作者用户、1 300 余万条用户微博及近 1 亿的关系进行数据分析。结果发现：《爸爸去哪儿》不仅成为名副其实的“口碑王”，还使娱乐节目发生了很多微妙变化。

各知名娱乐节目观众评价排名如图 5.7 所示。

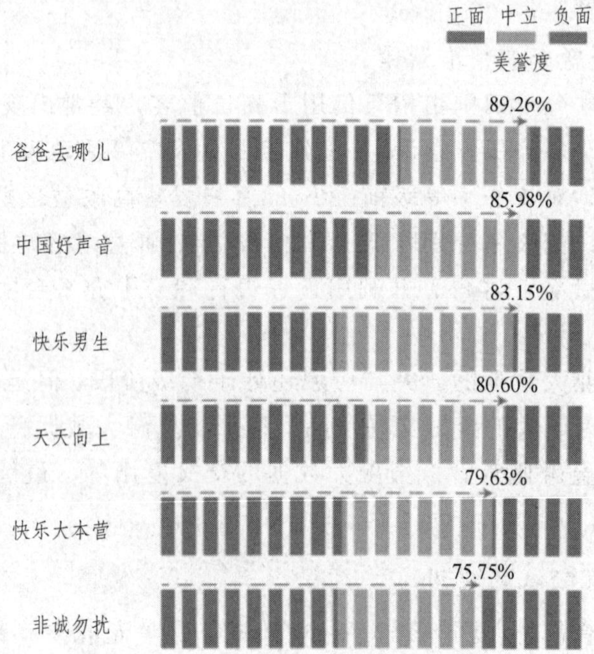

图 5.7　知名娱乐节目观众评价排名

（1）粉丝性别比例。

“爸爸粉”女性占到 80%。难道是因为星爸太帅？当然，这与微博中女性用户占比较高和她们更爱分享转评的习惯也有关。

（2）地区偏好排行。

《爸爸去哪儿》的观众明显向 GDP 高地聚集。对湘派娱乐节目免疫力极强的京、沪、苏、蜀等地罕见上榜。《爸爸去哪儿》偏好度前十省份中，有 5 个 GDP 十强省份，涵盖 3 个直辖市。这是否能说明，一部分“先富起来”的人，对亲子关系有更深的焦虑和更多的期待？

（3）用户年龄分布。

覆盖适龄婚育群体，观众气质更显成熟。不少适龄青年发微博称，“看到某某，我也好想结婚，想有个这样的儿子/女儿。”

（4）明星关注度。

数据来自每期节目播出后一周内 5 对父子的原发微博提及量（含昵称）。张亮父子低调亮相，关注度逐期上升，成功实现“逆袭”。

（5）赞助商热度。

主冠名赞助商强势冒出，在几乎没有社交媒体营销配合下，微博热度强劲增长。英菲尼迪从第三期开始广告植入，话题增量立竿见影。思念水饺配合“爸爸吃神马”等互动促销，参与度有所增加。只是不知三大赞助商的投入是否与这一结果完全契合。

（6）潜在赞助。

为决策提供支持。若自己的目标客户与该节目的观众一致，可以考虑下一季的赞助。

（7）观众。

满足了自己“八卦”的需求。对这个节目有深入的了解。

（8）节目组。

根据之前的数据分析，大胆推出了低成本同名电影并大获成功。

（9）同类节目竞争者。

从《爸爸去哪儿》的成功中可以学到什么？

（10）明星。

了解自己及孩子在观众心中的“热度”，为下一步转型及孩子未来的规划提供参考。

（11）赞助商。

本次赞助是否成功？成功在哪里？为以后广告的投放提供了经验。

2）大数据首次播报春运迁徙实况

40 天，36 亿人次。这是 2014 年春运的总时间和总出行人数。在这场堪称人类历史上最大规模的短期迁徙中，人群从哪儿去了哪儿？哪些线路最热门？在以往，这些问题可能难以精确回答。但随着技术进步，通过应用“大数据”这一技术利器，人们已经接近“在迷宫中感受全局”地看见春运的全景。

国内超过 2 亿手机用户使用百度地图，用户每次位置变化，百度都能得到数据。

把手机网民的定位信息汇总成大数据进行分析，就能勾勒出人们的迁徙轨迹。百度图景化地展示春运情况，是基于 LBS（地理位置服务）技术的一次创新。它的数据每 8 小时更新一次，囊括了全国铁路、公路和航空在内的线路。

5.4 大数据时代的机遇和挑战

今天，大数据似乎成了“灵丹妙药”“包治百病”，无所不能。但不要把“大数据”用作解决世界上所有问题的全能办法，无论是管理城市、消除贫困、制止恐怖袭击、疾病流行和拯救地球环境等，以为有了“大数据”，就没有解决不了的问题，这也是一种误解。人类的思想、个人的文化和行为模式，不同国家及社会的存在发展都非常复杂、曲折和独特，显然不能全部由计算机用“数字自己说话”。无论到何时，其实都还是人在思考和“说话”。

大数据时代有以下机遇。

1. 大数据技术促进国家和社会发展

大数据技术的运用前景是十分光明的。当前，我国正处在全面建成小康社会征程中，工业化、信息化、城镇化、农业现代化任务很重，建设下一代信息基础设施，发展现代信息技术产业体系，健全信息安全保障体系，推进信息网络技术广泛运用，是实现四化同步发展的保证。大数据分析对我们深刻领会世情和国情，把握规律，实现科学发展，做出科学决策具有重要意义，我们必须重新认识数据的重要价值。

2. 大数据蓝海成为企业竞争的新焦点

大数据所能带来的巨大商业价值，被认为将引领一场足以与 20 世纪计算机革命匹敌的巨大变革。大数据正在对每个领域都造成影响，包括商业、经济等领域。大数据正在促生新的蓝海，催生新的经济增长点，正在成为企业竞争的新焦点。

在今天的大数据时代，商业的生态环境在不经意间发生了巨大的变化：网民和消费者的界限正在变得模糊，无处不在的智能终端，随时在线的网络传输，互动频繁的社交网络让以往只是网页浏览者的网民的面孔从模糊变得清晰。对于企业来说，他们第一次有机会进行大规模的精准化的消费者行为研究：作为保持着持续变革欲望的企业，主动地拥抱这种变化，从战略到战术层开始自我的蜕变和进化将会让他们更加适应这个新的时代，大数据蓝海成为未来竞争的制高点。

3. 大数据时代呼唤创新型人才

盖特纳咨询公司预测大数据将为全球带来 440 万个 IT 新岗位和上千万个非 IT 岗位。麦肯锡公司预测美国到 2018 年需要深度数据分析人才 44 万到 49 万人，缺口 14 万到 19 万人；需要既熟悉本单位需求又了解大数据技术与应用的管理者 150 万人，这方面的人才缺口更大。中国是人才大国，但能理解与应用大数据的创新人才更是稀缺资源。

日前，大数据技术的运用仍存在一些困难与挑战，体现在大数据挖掘的四个环节中，如表 5.5 所示。

表 5.5 大数据挖掘的四个环节

数据收集	数据存储	数据处理	结果的可视化呈现
要对来自网络包括物联网和机构信息系统的数据附上时空标志，去伪存真，尽可能收集异源甚至是异构的数据，还可与历史数据对照，多角度验证数据的全面性和可信性	要达到低成本、低能耗、高可靠性的目标，要用到冗余配置、分布式和云计算技术，存储时对数据进行分类，通过“过滤”和去“重复”，减少存储量，并加入便于检索的标签	大数据的复杂性使得难以用传统的方法描述与度量，需要将高维图像等多媒体数据降维后度量与处理，利用上下文关联进行语义分析，从大量动态及可能模棱两可的数据中综合信息，并导出可理解的内容	使结果更直观以便于洞察。目前，尽管计算机智能化有了很大进步，但还只能针对小规模、有结构或类结构的数据进行分析，谈不上深层次的数据挖掘，现有的数据挖掘算法在不同行业中难以通用

4. 大数据给信息安全带来新挑战

1）加大隐私泄露风险

大量数据的集中存储增加了其泄露的风险；一些敏感数据的所有权和使用权并没有清晰界定。

2）对现有存储和安防措施提出挑战

复杂的数据存储在一起，可能造成企业安全管理不合规；安全防护手段更新升级慢，存在漏洞。

3）被运用到攻击手段中

黑客可收集更多有用信息，大数据分析让攻击更精准；大数据为黑客发起攻击提供了更多的机会。

5.“棱镜门”引爆大数据时代争议

事情的起因是 2013 年美国中情局前职员斯诺登向媒体爆料：过去 6 年间，美国的情报部门通过一个代号为“棱镜”的项目，从多家知名互联网公司获取电子邮件、在线聊天内容、照片、文档、视频等网络私人数据，跟踪用户一举一动。他透露：自己只需要坐在办公桌前，动动指头，敲敲键盘，就能了解很多人的私密信息。斯诺登的爆料引起公众一片哗然，根据他提供的资料，被卷入“棱镜门”事件的公司包括微软、雅虎、谷歌、苹果、Facebook 等 9 大 IT 业巨头。在“棱镜门”事件开始发酵之后，这些公司先是赶紧出面否认与美国政府的监视项目进行过合作，并相继发表声明，呼吁政府采取更透明的态度，以证明他们的“清白”。

一方面我们通过对大量用户数据的分析，公司、企业、政府都可以更好地了解用户行为、消费习惯等，从而可以提供更好的服务；但是另外一方面，这又不可避免地对用户的隐私构成威胁、挑战。很多人已经意识到，在数据的应用方面，相关法律法规的制定变得越来越重要。作为用户，需要明确界定自己在数据的使用方面具有什么权利和义务；作为企业和政府，需要逐渐地定位清楚，在多大程度上可以、并且用什么样的方式来使用用户的数据。

在现有的互联网结构下，我们所有的网络行为对于服务提供商来说都是透明的。人们既想借助互联网平台与别人交流，又希望自己不被窥探，这是完全不可能的。网络隐私安全将是未来一个巨大的问题。

5.5 大数据的未来

未来，企业会依靠洞悉数据中的信息更加了解自己，也更加了解客户。

数据再利用：由于在信息价值链中的特殊位置，有些公司可能会收集到大量的数据，但他们并不急需使用也不擅长再次利用这些数据。例如，移动电话运营商手机用户的位置信息，这一数据对于他们来说只有狭窄的技术用途，但当它被一些发布个性化位置广告服务和促销活动的公司再次利用时，则变得更有价值。

大数据价值链的 3 大构成：数据本身、技能与思维。

谷歌公司三者兼具，在刚开始收集数据的时候就已经有多次使用数据的想法。比方说，它的街景采集车手机全球定位系统数据不仅是为了创建谷歌地图，也是为了制成全自动汽车以及谷歌眼镜等与实景交汇的产品。

传统行业最终都会转变为大数据行业，无论是金融服务业、医药业还是制造业。

大数据赋予我们洞察未来的能力：马云成功预测 2008 年经济危机。“2008 年初，阿里巴巴平台上整个买家询盘数急剧下滑，欧美对中国采购在下滑。海关是出了货，出去以后再获得数据；我们提前半年时间从询盘上推断出世界贸易发生变化了。”

通常而言，买家在采购商品前，会比较多家供应商的产品，反映到阿里巴巴网站统计数据中，就是查询点击的数量和购买点击的数量会保持一个相对的数值，综合各个维度的数据可建立用户行为模型。因为数据样本巨大，保证用户行为模型的准确性。因此在这个案例中，询盘数据的下降，自然导致买盘的下降。

成功企业具备的时代特征：手工时代、工业时代、信息时代、大数据时代。

大数据时代典型特征如表 5.6 所示。

表 5.6　大数据时代特征

大数据	移动互联
云计算	语义网
物联网	智能化
平台	

1）在大数据时代三类企业将获得成功

（1）能产生大数据的企业，如电信运营商、互联网门户。

（2）具备大数据挖掘能力的企业，如 Google、百度。

（3）能应用大数据进行垂直整合的企业，如苹果、淘宝。

2）满足用户个性化需求才能持续领先（见图 5.8）：

（1）颠覆传统的以产品营销和服务为核心的商业模式，构建以用户需求为核心的平台生态圈，形成用户。

（2）自愿进入：搭建以用户为核心的开放交互平台。

（3）自动交互：过程中应用大数据分析挖掘形成用户知识。

（4）自我增值：整合网络资源为用户提供个性化解决方案的服务。

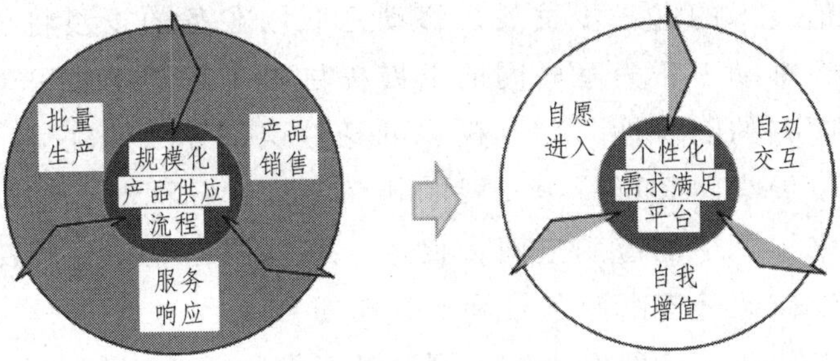

图 5.8　个性化需求满足平台

向平台生态圈企业转型，企业需经历三个阶段，如表 5.7 所示。

表 5.7　企业转型三阶段

平台化转型期	平台化发展期	平台生态圈发展期
采集大数据，形成“入口”能力（0～1 年时间）	应用“入口”大数据，服务产品化（2～3 年时间）	垂直整合，“入口”能力释放（持续发展）
开发能采集用户大数据的智能产品、完善运营大数据的采集能力 形成大数据采集、存储和管理的技术平台 内外部数据梳理和整合，形成统一的用户大数据和运营大数据 整合数据挖掘资源和能力，应用内外大数据支撑产品领先和消费体验领先战略发展	大数据技术平台成熟 基于用户的大数据内生和应用平台形成 形成 1～2 个领先型大数据产品 拥有强大的数据挖掘资源和能力，对大数据进行价值挖掘和应用，数据价值开始显著发挥	形成网络化的大数据采集体系 整合相关资源形成开放生态圈平台，成为平台生态圈发展的主导者 基于生态圈平台，能为用户提供多元化的精确性服务，抢占用户的心理份额、生活份额、钱包份额

6 移动互联网

6.1 移动互联网的定义

移动互联网是移动通信和互联网融合的产物，继承了移动通信随时随地随身和互联网分享、开放、互动的优势，是整合二者优势的“升级版本”，即运营商提供无线接入，互联网企业提供各种成熟的应用。移动互联网被称为下一代互联网 Web3.0。比如 Dropbox、uDrop 这类应用就是典型的移动互联网应用。移动互联网业务和应用包括移动环境下的网页浏览、文件下载、位置服务、在线游戏、视频浏览和下载等业务。随着宽带无线移动通信技术的进一步发展，移动互联网业务的发展将成为继宽带技术后互联网发展的又一个推动力，为互联网的发展提供一个新的平台，使得互联网更加普及。并以移动应用固有的随身性、可鉴权、可身份识别等独特优势，为传统的互联网类业务提供了新的发展空间和可持续发展的新商业模式；同时，移动互联网业务的发展为移动通信网带来了无尽的应用空间，促进了移动网络宽带化的深入发展。移动互联网业务正在成长为移动运营商业务发展的战略重点。

移动互联网是以移动通信网作为接入网络的互联网及服务，它包括以下几个要素。

（1）移动通信网络接入，包括 3G、4G 等。

（2）面向公众的互联网网络，具有移动性和移动终端适配性特点。

（3）终端，包括智能手机、专用移动互联网终端和数据卡方式的便携式计算机。

移动互联网将移动通信和互联网这两个发展最快、创新最活跃的领域连接在一起，移动互联网改变的不仅仅是接入手段，也不仅仅是固定互联网的业务复制，而是在双方能力融合下不断催生新的业务和能力。并凭借数十亿的用户规模，正在开辟信息通信业发展的新时代。移动互联网的业务体系如表 6.1 所示。

表 6.1 移动互联网的业务体系

<table>
<tr><td rowspan="4">互联网业务体系</td><td colspan="2">移动互联网业务体系</td><td rowspan="4">移动通信业务体系</td></tr>
<tr><td colspan="2">（1）固定互联网业务复制</td></tr>
<tr><td colspan="2">（2）移动通信业务互联网化</td></tr>
<tr><td colspan="2">（3）移动互联网创新业务</td></tr>
<tr><td>浏览业务</td><td>移动浏览</td><td>移动地图业务</td><td>移动电话</td></tr>
</table>

续表

搜索业务	移动搜索	移动音乐、视频	短信
Web2.0 业务	移动 Web2.0	移动广告	彩铃
电子商务	移动电子邮件	移动 VoIP	移动定位
网络游戏	移动即时信息	移动 Mashup	移动支付
IM	移动在线游戏	移动 SaaS	移动分组数据
……	移动电子商务	……	……

6.2 移动互联网的特点

“小巧轻便”及“通信便捷”两个特点，决定了移动互联网与固定互联网的根本不同、发展趋势及相关联之处。可以“随时、随地、随心”地享受互联网业务带来的便捷，还表现在更丰富的业务种类、个性化的服务和更高服务质量的保证。当然，移动互联网在网络和终端方面也受到了一定的限制。与传统的桌面互联网相比较，移动互联网具有几个鲜明的特性。

1. 便捷性和便携性

移动互联网的基础网络是一个立体的网络，3G、4G 和 Wi-Fi 构成的无缝覆盖，使移动终端具有通过上述任何形式方便联通网络的特性。移动互联网的基本载体是移动终端。这些移动终端不仅仅是智能手机、平板计算机，还有可能是智能眼镜、手表、服装、饰品等各类随身物品。它们属于人体穿戴的一部分，随时随地都可使用。

2. 即时性和精确性

由于有了上述便捷性和便利性，人们可以充分利用生活中、工作中的碎片化时间，接受和处理互联网的各类信息。不再担心有任何重要信息、时效信息被错过了。无论是什么样的移动终端，其个性化程度都相当高。尤其是智能手机，每一个电话号码都精确地指向一个明确的个体。移动互联网能够针对不同的个体，提供更为精准的个性化服务。

3. 感触性和定向性

这一点不仅仅是体现在移动终端屏幕的感触层面。更重要的是体现在照相、摄像、二维码扫描，以及重力感应、磁场感应、移动感应，温度、湿度感应等无所不及的感触功能。而基于 LBS 的位置服务，不仅能够定位移动终端所在的位置，甚至可以根据移动终端的趋向性，确定下一步可能去往的位置。这使得相关服务具有可靠的定位性和定向性。

4．业务与终端、网络的强关联性和业务使用的私密性

由于移动互联网业务受到了网络及终端能力的限制，其业务内容和形式也需要适合特定的网络技术规格和终端类型。在使用移动互联网业务时，所使用的内容和服务更私密，如手机支付业务等。

5．网络的局限性

移动互联网业务在便携的同时，也受到了来自网络能力和终端能力的限制：在网络能力方面，受到无线网络传输环境、技术能力等因素限制；在终端能力方面，受到终端大小、处理能力、电池容量等的限制。

移动互联网的四大成功因素如图 6.1 所示。

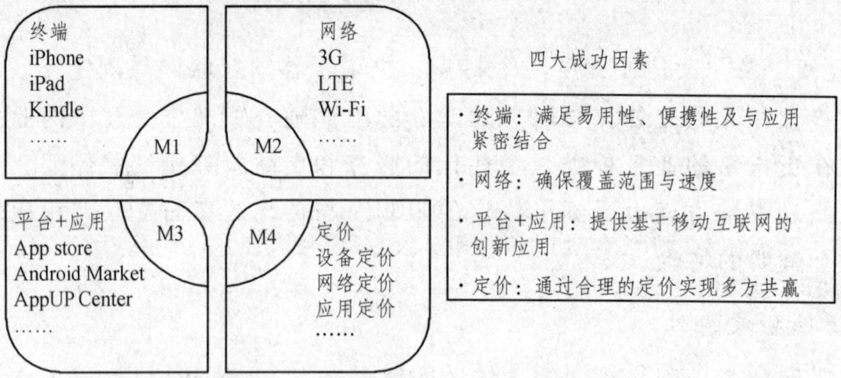

图 6.1　移动互联网四大成功因素

1）未来移动互联网的发展趋势

（1）电子阅读：颠覆纸媒行业，移动互联网的新契机。

（2）手机游戏：移动互联网的新蓝海。

（3）移动视听：视听商业化的救命稻草。

（4）移动搜索：移动互联网的新方向，颠覆传统框式搜索。

（5）移动 SNS（社交网络服务）：发起对运营商的挑战。

（6）移动电商：未来购物的主要途径。

（7）基于地理位置的服务（LBS）：未来生活的重要依靠。

移动互联网和传统互联网主要特征的比较如表 6.2 所示。

表 6.2　传统互联网与移动互联网的比较

对比指标	传统桌面互联网	移动互联网
业务组织方式	1．分散型的应用服务结构； 2．用户围绕服务为中心	1．以电信运营商为中心的服务体系； 2．应用服务以用户为中心
接入终端	1．台式计算机； 2．便携式计算机	1．智能手机； 2．上网本； 3．平板计算机及其他终端设备

续表

对比指标	传统桌面互联网	移动互联网
应用网络	1. 传统的有线网络； 2. WLAN 等网络接入的扩展	1. 电信运营商通信网络； 2. Wi-Fi 等无线网络
用户使用习惯	1. 使用场景：学习、办公和大型娱乐； 2. 上网地点：学校、办公室等固定场所； 3. 使用时间：固定、块状	1. 使用场景：休闲、娱乐、消磨时间； 2. 上网地点：交通工具、户外； 3. 使用时间：多为碎片化
可搭载服务	1. 大型、复杂的应用服务； 2. 用户对多数应用服务是透明的	1. 简洁、易操作的应用服务； 2. 基于位置、身份识别、权限鉴定的应用服务

注：表中列示的区别为当前及近期阶段中，传统桌面互联网与移动互联网的业务区别。

移动互联网精神：开放、分享、互动、创新。

移动通信的核心特征：随身、互动。

移动互联网基本特征：用户身份可识别、基于用户位置、随时随地、开放、互动和更方便地参与。

移动互联网的详细特征如图 6.2 所示。

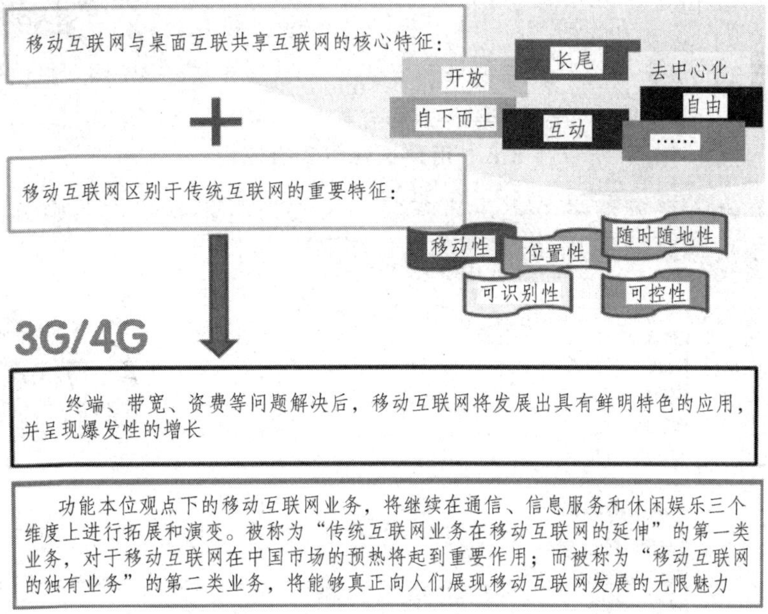

图 6.2 移动互联网的特征

2）移动互联网互联的三种形式

（1）BS 方式。

通过移动设备的浏览器访问网站。

（2）CS 方式。

有联网功能的客户端（移动 QQ、MSN、手机 Gmail、Pushmail、音乐随身听、手机电视、Twitter 客户端……）访问服务器。

（3）Widget 方式。

移动互联网 Widget 化：移动 Widget 繁盛，客户应用的部分化、自主化、定制化、简单、灵活、易用、可传播。

用户选择 4G 的理由如图 6.3 所示。

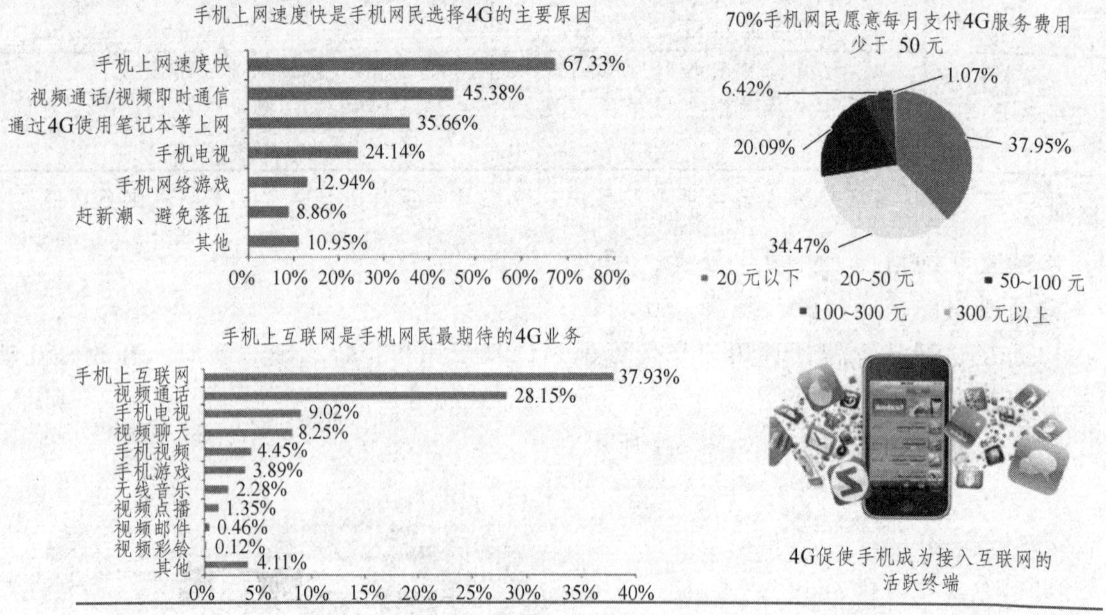

图 6.3 用户选择 4G 的理由

个性化的移动互联网服务特点决定互联网未来长尾业务模式，如图 6.4 所示。

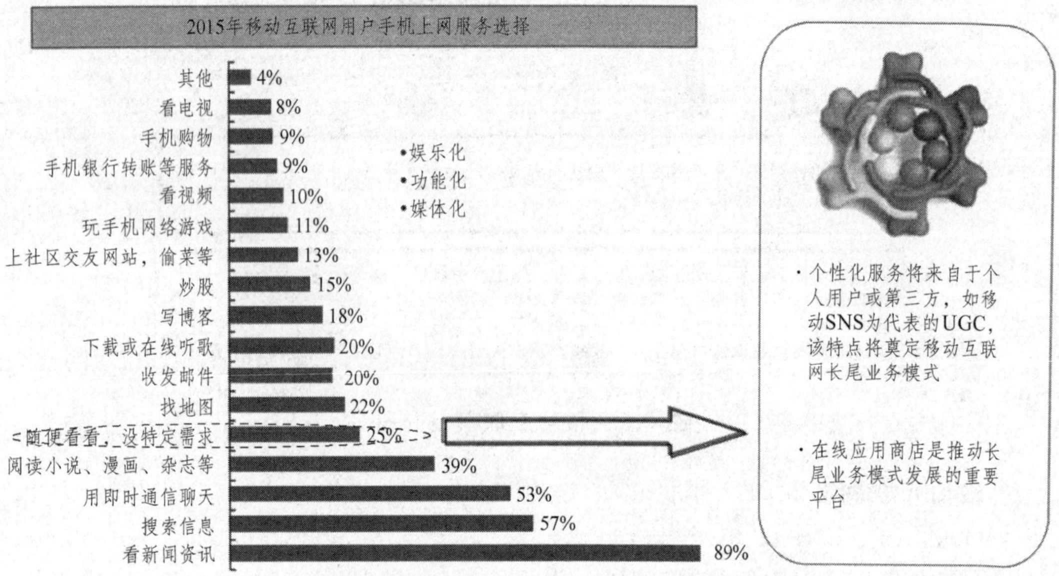

图 6.4 移动互联网长尾业务模式

用户需求多层次和移动互联网个性化特点决定应用服务的分阶段发展，纯娱乐化、基础化功能应用成为当前主流应用。

当前移动互联网的主要业务和服务呈现多元化、个性化的特点，如图 6.5 所示。

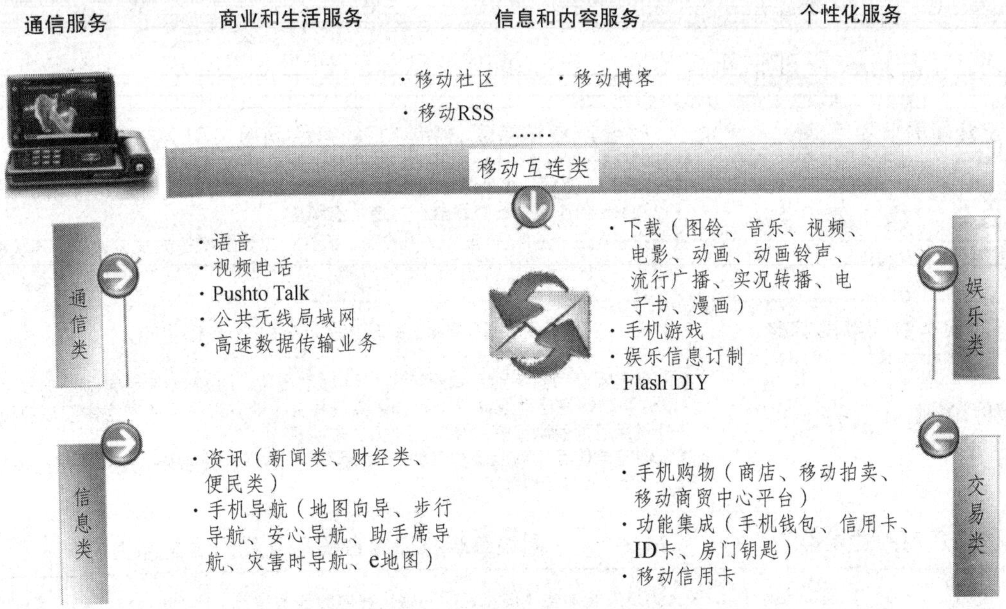

图 6.5　移动互联网多元化、个性化服务

移动互联网为 4G 创造了“杀手级”的业务环境。

4G 为移动互联网创造了更加良好的网络条件和发展环境。

4G 时代虽然难以找到像 2G 时代“短信”那样的“杀手级”业务应用，但“移动互联网”无疑应该是 4G 的“杀手级”业务环境（手机上网、手机音乐、手机电视、手机邮箱、手机报、手机搜索、手机游戏、即时通信、移动社区、移动支付、移动商城……）。

移动互联网的发展推进了不同产业的跨界竞争，促进了产业融合，如图 6.6 所示。

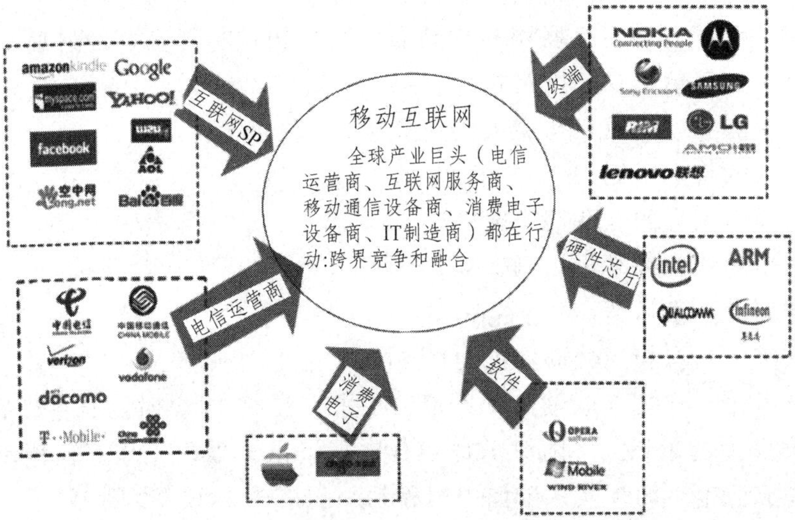

图 6.6　移动互联网促进产业竞争和融合

移动互联网的发展存在三大主导力量：移动运营商、互联网企业、终端厂商。

移动互联网的发展需要从通道（访问速度）、终端（接入方式）、业务（产业链各方以合作、开放、共赢的态度并发出更适合移动终端用户所需要的业务）这三方面推动，才能保障其持续健康发展。

当前，三大主力都在积极抢占用户的第一接触面，如图 6.7 所示。

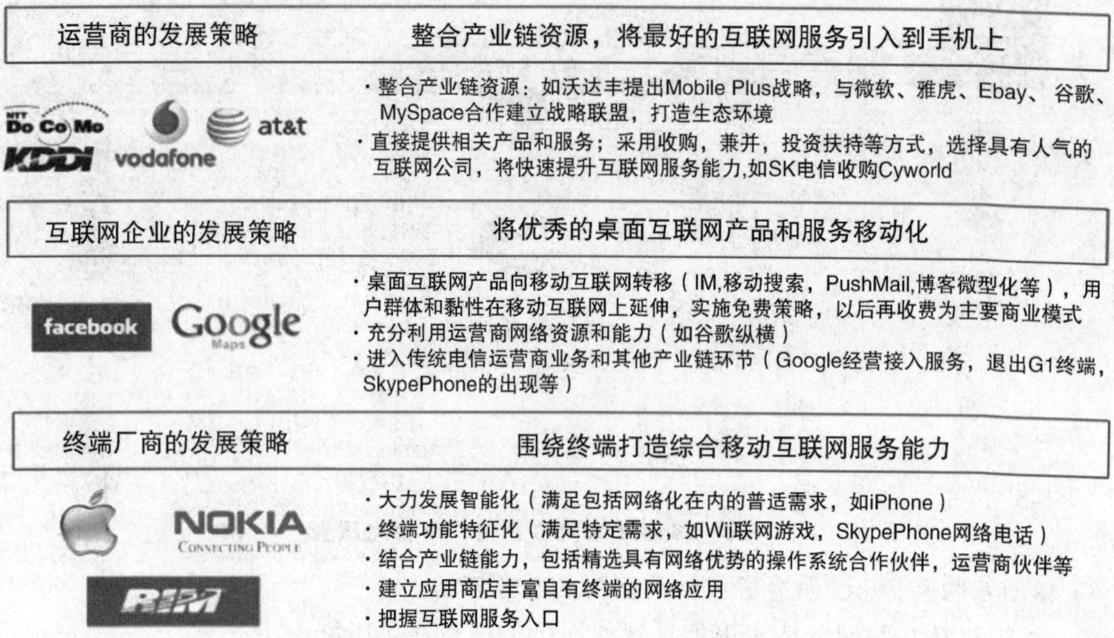

图 6.7 三大主力移动互联网发展策略

6.3 移动互联网的发展动态与趋势

总的来说，我国已经在互联网和移动通信两个领域有了良好的发展基础：

· 全球第一的移动用户、网络规模；
· 全球第一的互联网用户与庞大的业务量；
· 全球第一的终端产能；
· 具有世界影响力的互联网企业；
· 实力强劲的移动网络设备制造商；
· 排名前列的网络运营商；
· 数量众多、具有相当经验和能力的 SP。

移动互联网第一次把互联网放到人们的手中，实现 24 小时随身在线的生活。信息社会许给人类最大的承诺——随时随地随身查找资讯、处理工作、保持沟通、进行娱乐，从梦想变成活生生的现实。正如中国移动一句广告语所说的那样——“移动改变生活”，移动互联网给人们的生活方式带来翻天覆地的变化。越来越多的人在购物、用餐、出行、工作时，都习惯性地掏出手机，查看信息、查找位置、分享感受、协同工作……数以亿计的用户登录移动互联网，在上面停留数十分钟乃至十多个小时，他们在上面生活、工作、交易、交友……这些崭新的人类行为，如同魔术师的手杖，变幻出数不清的商业机会，使得移动互联网成为当前推动产业乃至经济社会发展最强有力的技术力量。

移动互联网的浪潮已席卷社会的方方面面，新闻阅读、视频节目、电商购物、公交出行等热门应用都出现在移动终端上，在苹果和安卓商店的下载已达到数百亿次，而移动用户规模更是超过了个人计算机用户。这让企业级用户意识到移动应用的必要性，纷纷开始规划和摸索进入移动互联网，客观上加快了企业级移动应用市场的发展。

世界各国都在建设自己的移动互联网，各个国家由于国情、文化的不同，在移动互联网业务的发展上也各有千秋，呈现出不同的特点。一些移动运营商采取了较好的商业模式，成功地整合了价值链的各个环节，取得了一定的用户市场规模。

当前移动互联网的创业热点如表 6.3 所示。

表 6.3 移动互联网软件创业热点

网络工具	安全	通信辅助	影音媒体	电子商务	内容	系统工具	读书学习	地图应用	实用工具	商务办公
·网络浏览 ·即时聊天 ·移动博客 ·邮件工具 ·搜索 ·微博 ·流量统计 ·浏览辅助 ·书签工具	·杀毒软件 ·手机防护 ·加密防护	·通话辅助 ·短信工具 ·通信记录 ·名片管理 ·彩信增强	·音频播放 ·视频播放 ·拍照摄像 ·音频处理 ·视频处理 ·图像处理 ·图片浏览 ·屏幕保护	·网上购物 ·支付 ·在线比价	·资讯 ·软件下载 ·游戏 ·音乐	·同步备份 ·中文输入 ·系统增强 ·文件管理 ·系统管理 ·蓝牙红外 ·字体补丁 ·桌面辅助	·电子图书 ·阅读工具 ·字典词典 ·学习辅助	·签到 ·周边查询 ·GPS软件 ·手机地图	·旅游餐饮 ·时间提醒 ·生活理财 ·公交票务 ·天气预报 ·邮编归属 ·健康管理 ·日程备忘 ·趣味娱乐	·文字处理 ·金融股票 ·财务计算

智能终端发展趋势：终端+服务。如图 6.8 所示。

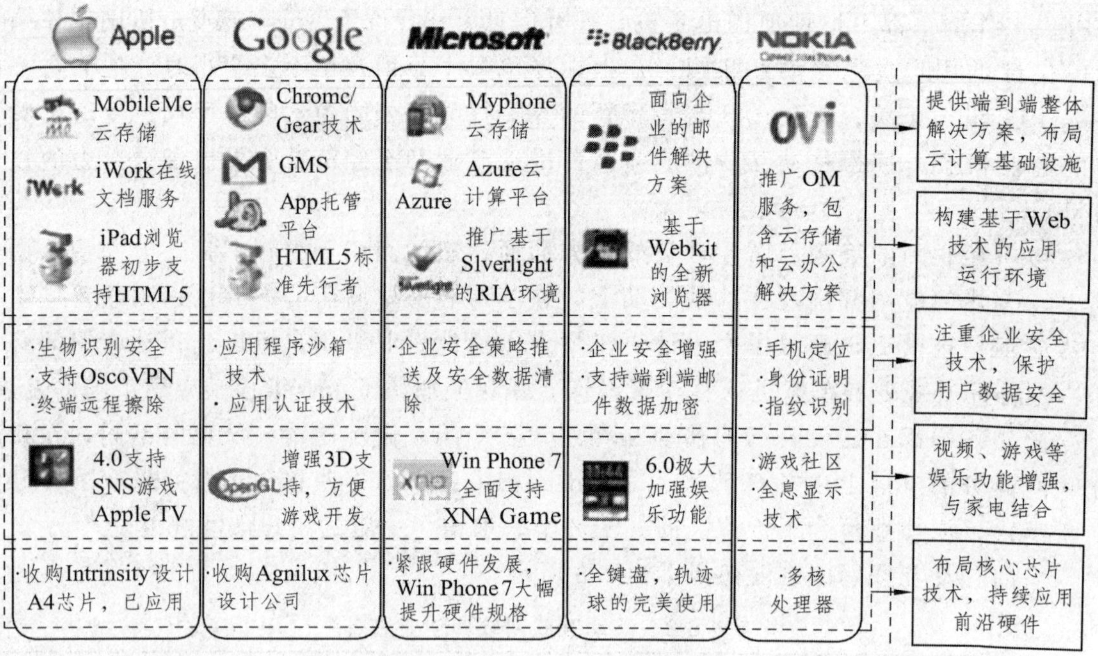

图 6.8 智能终端发展趋势

移动互联网的竞争激发合作，内容、技术、渠道是合作重点，如图 6.9 所示。

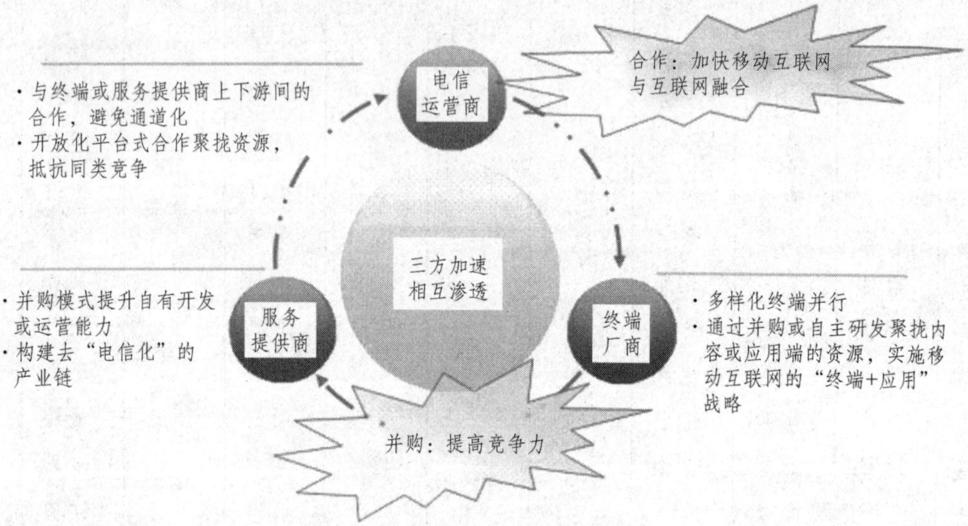

图 6.9 企业在移动互联网领域的合作

全球移动宽带用户数在 2010 年超越固定宽带用户数。

中国的 3G/4G 移动宽带用户数在 2014 年超越固网宽带用户，而且在 2014 年占有整体宽带用户 70%的市场。

移动用户需求如图 6.10 所示。

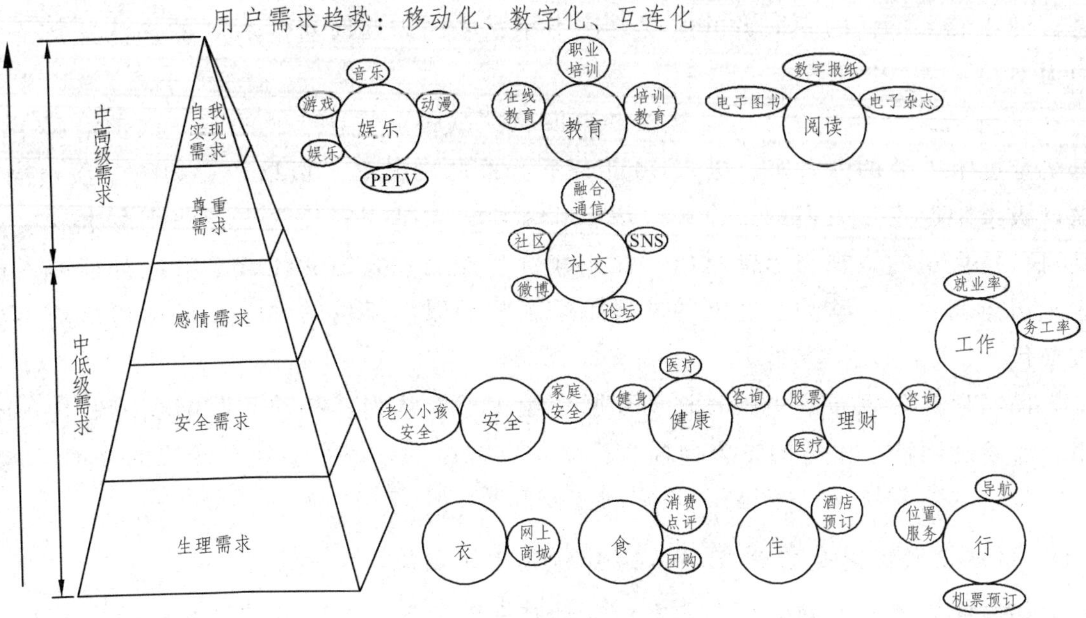

图 6.10 用户移动生活需求

移动营销的内容及发展趋势如图 6.11 所示。

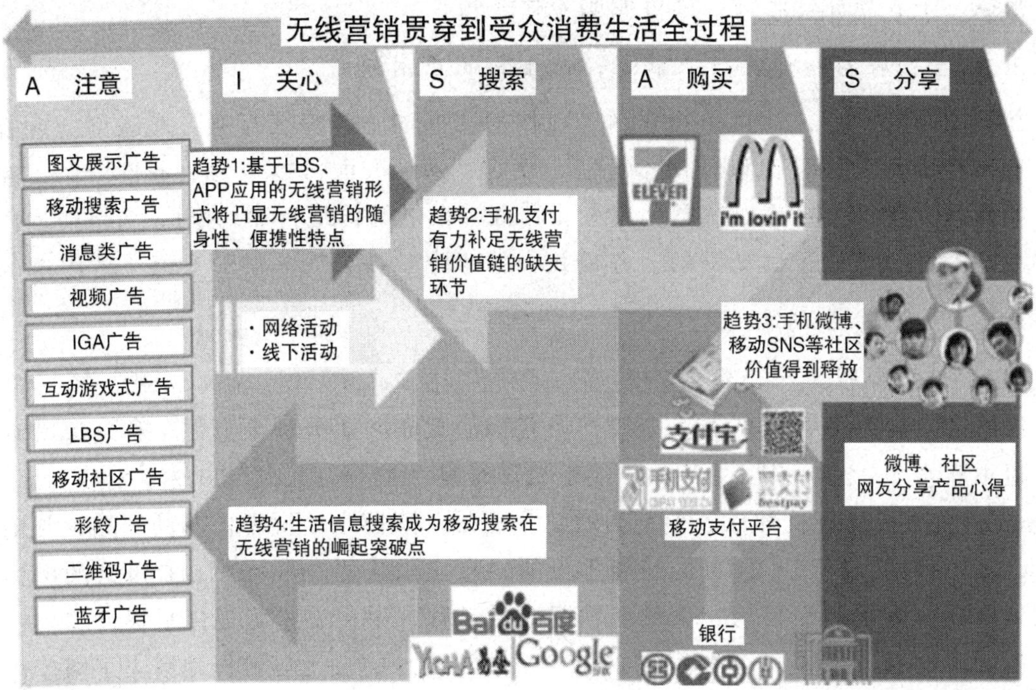

图 6.11 移动营销内容及趋势

曾几何时，移动互联网还仅仅被人们视作互联网的一个分支。事实上，传统互联网和电信业巨头采取的种种战略转型举措早已深刻说明，移动互联网不仅是一种时髦应用，更是一股席卷 ICT 领域的破坏式创新浪潮。移动互联网时代摧毁沾沾自喜的领先者、淘汰麻木不仁的守旧者的速度，比当年互联网兴起时对落后者的淘汰速度有过之而无不及。

20 世纪七八十年代，个人计算机和桌面软件掀起了信息产业的第一次浪潮，个人计算机走进了人类的办公室。进入 90 年代后，互联网掀起了信息产业的第二次浪潮，互联网极大地改变了人们的工作和生活方式，让一大批固守传统生存法则的老牌企业为其对科技变革的漠视与迟钝付出了沉重代价，他们要么饱受经营下滑之苦，要么就此告别历史舞台……移动互联网的发展带来了移动数据流量的井喷，推动移动网络的升级换代。

人民网研究院发布的中国《移动互联网蓝皮书》认为，移动互联网在短短几年时间里，已渗透到社会生活的方方面面，产生了巨大影响，但它仍处在发展的早期，“变化”仍是它的主要特征，“革新”是它的主要趋势。

1. 移动互联网超越有线互联网，引领发展新潮流

有线互联网是互联网的早期形态，移动互联网（无线互联网）是互联网的未来。计算机只是互联网的终端之一，智能手机、平板计算机、电子阅读器（电子书）已经成为重要终端，电视机、车载设备正在成为终端，冰箱、微波炉、抽油烟机、照相机，甚至眼镜、手表等穿戴之物，都可能成为泛终端。

2. 移动互联网和传统行业融合，催生新的应用模式

在移动互联网、云计算、物联网等新技术的推动下，传统行业与互联网的融合正在呈现出新的特点，平台和模式都发生了改变。这一方面可以作为业务推广的一种手段，如食品、餐饮、娱乐、航空、汽车、金融、家电等传统行业的 App 和企业推广平台，另一方面也重构了移动端的业务模式，如医疗、教育、旅游、交通、传媒等领域的业务改造。

3. 不同终端的用户体验更受重视

终端的支持是业务推广的生命线，随着移动互联网业务逐渐升温，移动终端解决方案也不断增多。2011 年，主流的智能手机屏幕是 3.5 ~ 4.3 inch，2012 年发展到 4.7 ~ 5.0 inch，而平板计算机却以迷你型为时髦。但是，不同大小屏幕的移动终端，其用户体验是不一样的，适应小屏幕的智能手机的网页应该轻便、轻质化，它承载的广告也必须适应这一要求。而目前，大量互联网业务迁移到手机上，为适应平板计算机、智能手机的不同操作系统，开发了不同的 App，HTML5 的自适应较好地解决了阅读体验问题，但是，还远未实现轻便、轻质、人性化，缺乏良好的用户体验。

4. 移动互联网商业模式多样化

成功的业务需要成功的商业模式来支持。移动互联网业务的新特点为商业模式创新提供了空间。随着移动互联网发展进入快车道，网络、终端、用户等方面已经打好

了坚实的基础，不盈利的情况已开始改变，移动互联网已融入主流生活与商业社会，盈利的浪潮即将到来。移动游戏、移动广告、移动电子商务、移动视频等业务模式流量变现能力快速提升。

5. 用户期盼跨平台互联互通

目前形成的 iOS、Android、Windows Phone 三大系统各自独立，相对封闭、割裂，应用服务开发者需要进行多个平台的适配开发，这种隔绝有违互联网互联互通之精神。不同品牌、不同类型的移动终端都能互联互通，是用户的期待，也是发展趋势。移动互联网时代是融合的时代：是设备与服务融合的时代；是产业间互相进入的时代。在这个时代，移动互联网业务参与主体的多样性是一个显著的特征。技术的发展降低了产业间与产业链各个环节之间的技术和资金门槛，推动了传统电信业向电信、互联网、媒体、娱乐等产业融合的大 ICT 产业的演进，原有的产业运作模式和竞争结构在新的形势下已经显得不合时宜。在产业融合和演进的过程中，不同产业原有的运作机制和资源配置方式都在改变，产生了更多新的市场空间和发展机遇。

6. 大数据挖掘成蓝海，精准营销潜力凸显

随着移动宽带技术的迅速提升，更多的传感设备、移动终端随时随地接入网络，加之云计算、物联网等技术的带动，中国移动互联网也逐渐步入“大数据”时代。目前的移动互联网领域，仍然是以位置的精准营销为主，但未来随着大数据相关技术的发展，人们对数据挖掘的不断深入，针对用户个性化定制的应用服务和营销方式将成为发展趋势，它将是移动互联网的另一片蓝海。

6.4 移动互联网运营商发展机遇与挑战分析

1. 机遇

移动互联网引领行业发展趋势，未来增长空间巨大，从国内发展情况来看，移动互联网呈现快速发展态势：手机网民快速增长，各项业务应用渗透率不断提升。

目前中国移动互联网发展条件逐步走向成熟：3G/4G 网络覆盖能力稳步上升，智能终端迅速普及。

移动互联网特征及发展趋势如图 6.12 所示。

2. 挑战

互联网企业、终端厂商等异质企业竞争威胁加大，运营商管道化趋势逐渐加剧。

（1）运营商移动数据业务领域管道价值份额被进一步压缩。

随着移动互联网和智能终端的发展，通信网络的核心价值趋于弱化，正从中心位置被推向边缘，成为支撑各种数据业务的通信模块。

（2）运营商传统核心业务市场面临价值分流。

移动互联网的发展使沟通逐渐向社区化方向发展，通信控制和模式转变对运营商传统核心业务市场带来冲击和挑战。

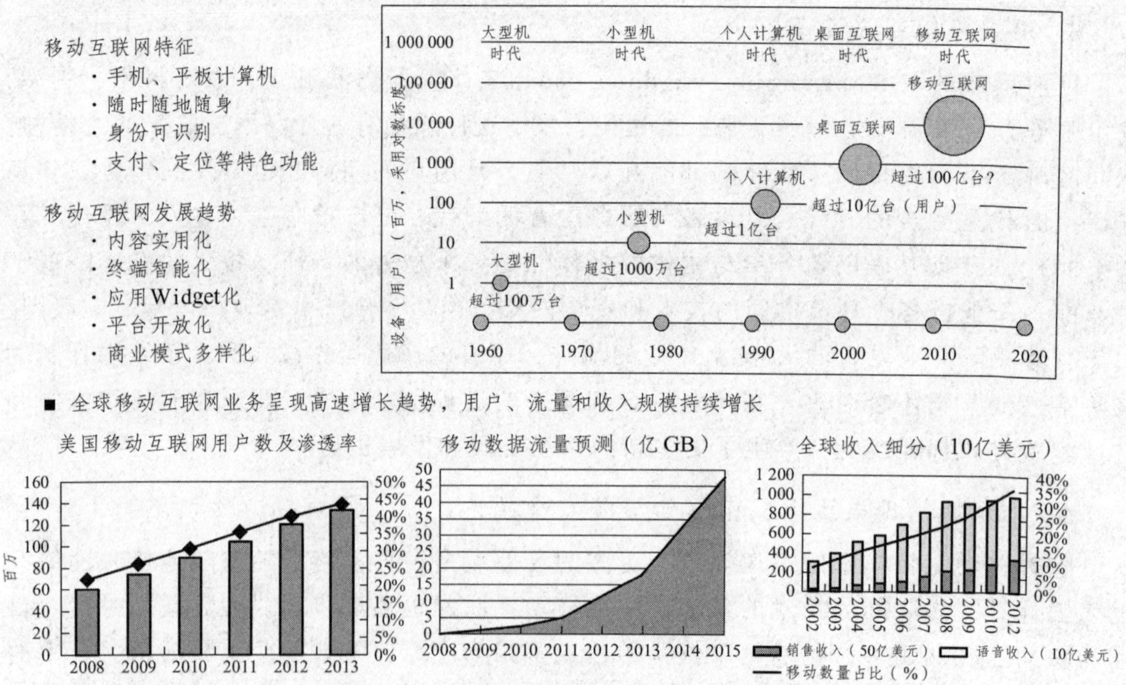

图 6.12 移动互联网特征及发展趋势

（3）流量增长与价值提升难以同步增长。

移动互联网业务流量快速增长，而移动宽带业务目前主要以包月的资费方式为主，收入与流量的增长速度差距逐渐拉大，高资本开支和低单位效益带来盈利隐忧。

移动互联网产业链价值分配如图 6.13 所示。

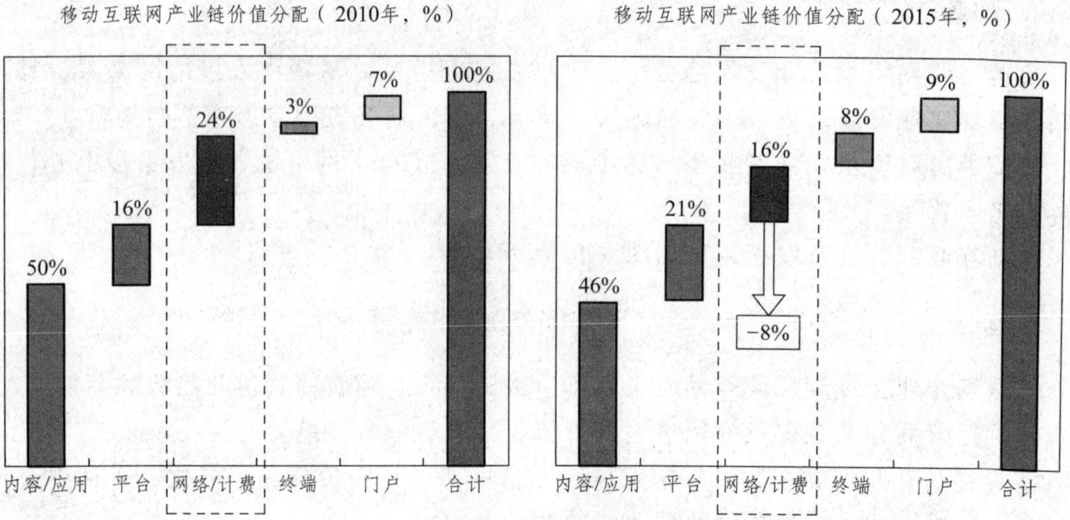

图 6.13 移动互联网产业链价值分配

7 云计算

7.1 云计算概述

1. 云计算的定义

云计算（Cloud Computing）：是分布式处理（Distributed Computing）、并行处理（Parallel Computing）和网格计算（Grid Computing）的发展，或者说是这些计算机科学概念的商业实现。是指基于互联网的超级计算模式：即把存储于个人计算机、智能手机和其他设备上的大量信息和处理器资源集中在一起，协同工作，向外部客户提供的一种在极大规模上可扩展的计算能力。云计算示意图如图 7.1 所示。

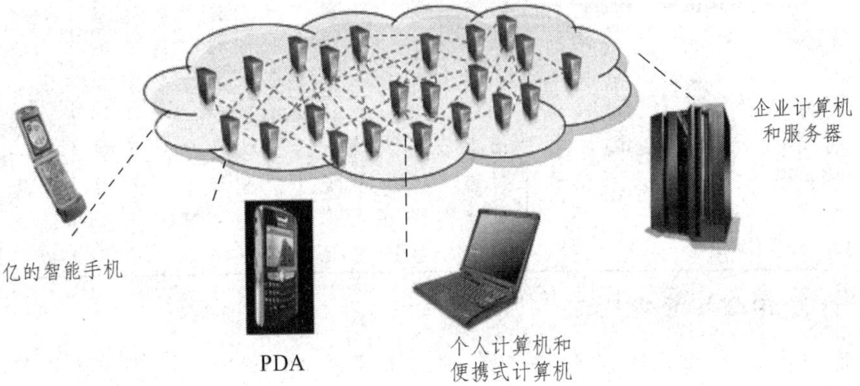

图 7.1 云计算示意图

云计算内容如下。

- 数据在云端：不怕丢失，不必备份，可以任意点的恢复；
- 软件在云端：不必下载自动升级；
- 无所不在的计算：在任何时间、任意地点、任何设备登录后就可以进行计算服务；
- 无限强大的计算：具有无限的空间、无限的速度。

云计算与其他计算方式的比较如图 7.2 所示。

云计算的六种服务方式：SAAS（Software as a Service，软件服务）；PAAS（Platform as a Service，平台服务）；IAAS（Infrastructure as a Service，基础设施服务）；云存储；MSP（Managed Service Provider，管理服务提供）；商业服务平台。

图 7.2 云计算与其他计算方式比较

目前，在云计算领域领先的企业如表 7.1 所示。

表 7.1 云计算领跑者

企业和研究机构最终会把高级别的计算任务交给全球运行的服务器网络，也就是云。以下领先者在这一领域占据着主导位置				
Google	Yahoo	IBM	Microsoft	Amazon
唯一以硬件起家的搜索公司。每年在数据中心的投入超过 20 亿美元。成为云计算领域难以超越的领跑者和推动者	规模和资金比 Google 稍逊一筹，开发的软件与云计算兼容不够。但是作为 Hadoop 的首要资助方，可能后来居上	商业数据计算的龙头和传统超级计算机的绝对领导者。与 Google合作后立足云计算。为越南政府开发了飞行员“云”系统试点。并在无锡成立了数据中心	现在只能与自身开发的软件结合，这可能成为它的软肋。但是在“云”科学基础理论中扮演重要的角色。正在伊利诺伊州和西伯利亚建立大型数据中心	第一个将云计算作为服务出售的公司。规模小于其他竞争者，但是它的专业性为这家零售商在下一代网络服务从零售到传媒业的转型提供了支撑

2. 云计算在业界的定义

到目前为止，云计算还没有一个统一的定义，业界对云计算的定义多达 20 余种。云计算的领先者如 Google、Microsoft 等 IT 厂商，依据各自的利益和各自不同的研究视角都给出了对云计算的定义和理解。

1）维基百科云计算的定义

云计算是一种动态扩展的计算模式，通过网络将虚拟化的资源作为服务提供；通常包含 IAAS、PAAS、SAAS。

2）Google 的理念

将所有的计算和应用放置在“云”中，设备终端不需要安装任何东西，通过互联网来分享程序和服务。

3）微软的理念

云计算应是“云+端”的计算，将计算资源分散分布，部分资源放在云上，部分资源放在用户终端，部分资源放在合作伙伴处，最终由用户选择合理的计算资源分布。

4）市场研究机构 IDC

云计算是一种新型的 IT 技术发展、部署及发布模式，能够通过互联网实时的提供产品、服务和解决方案。

5）美国国家标准与技术实验室

云计算是提供便捷的通过互联网访问一个可定制的 IT 资源共享池的能力，按使用量付费的模式（IT 资源包括网络、服务器、存储、应用、服务）。这些资源能够快速部署，并只需要很少的管理工作或很少的与服务供应商的交互。

3. 云计算是技术和商业模式的双重创新

1）商业模式发生巨变

消费者和企业将从“购买软硬件产品”向“购买信息服务”转变，如图 7.3 所示。

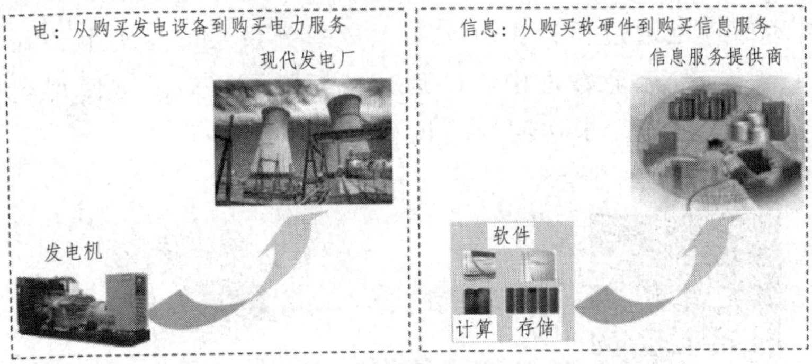

图 7.3 购买服务的云计算

2）云计算的商业视角

云计算 = 信息电厂。

3）云计算的技术视角

云计算 = 虚拟化 + 集群管理。

云计算是一个技术概念，也是一种商业模式。

传统计算向云计算的演进如图 7.4 所示。

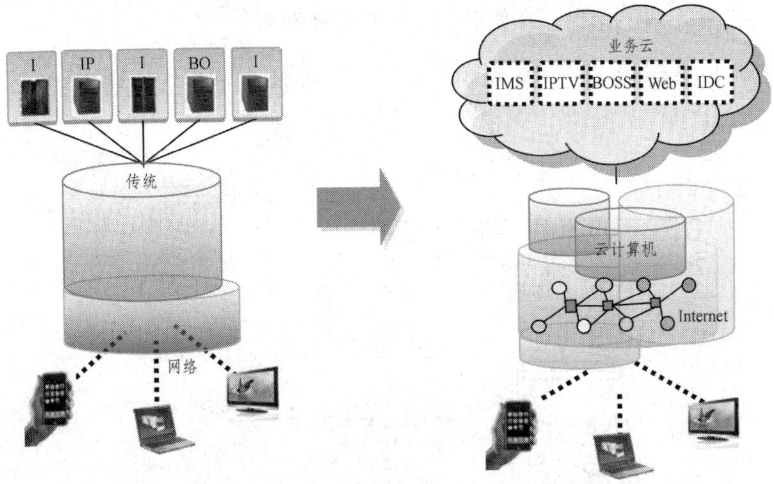

图 7.4 传统计算向云计算的演进

（1）软件和硬件分离，实现资源共享。

底层“计算和存储+云计算支撑软件”组成的资源是业务运行的大平台；高层是业务和应用逻辑软件，运行在统一的硬件资源池上，共享计算和存储资源（利用率可达60%以上）。

（2）业务从垂直走向水平，改变架构。

如同IP技术使得各种网络融合成为一个全IP网络,云计算技术使得所有的业务系统都运行在统一计算和存储的大平台上，对计算方式产生了革命性的影响。

7.2 云计算体系结构

云计算的基本原理是通过使计算分布在大量的分布式计算机上，而非本地计算机或远程服务器中，从而使企业数据中心的运行与互联网相似。这使得企业能够将资源切换到需要的应用上，根据需求访问计算机和存储系统。

云计算发展路径如图7.5所示。

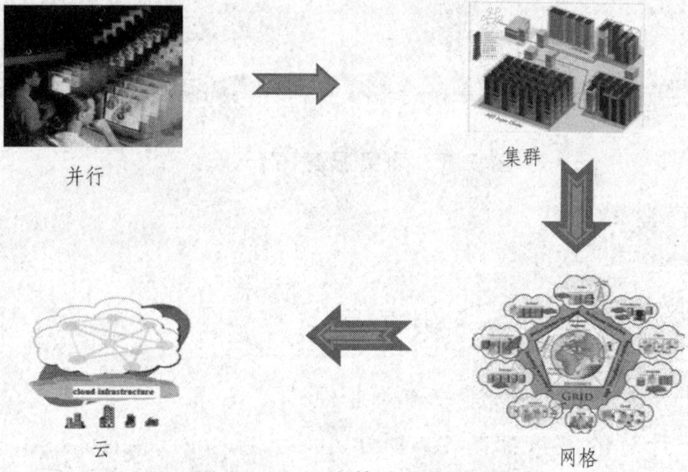

图 7.5 云计算发展路径

1. 云计算体系逻辑结构（见图7.6）

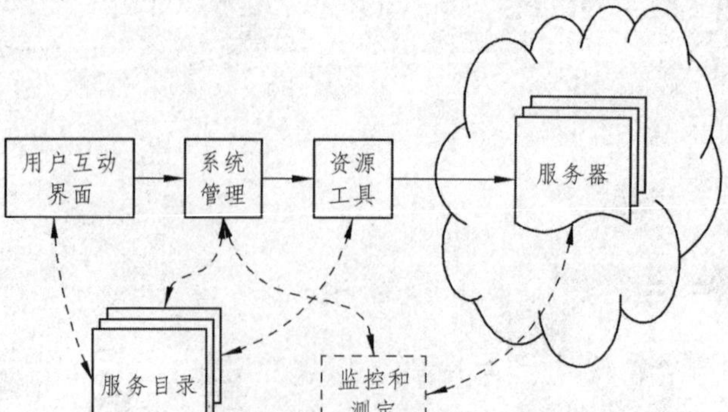

图 7.6 云计算体系逻辑结构

2. 云计算体系物理结构（见图 7.7）

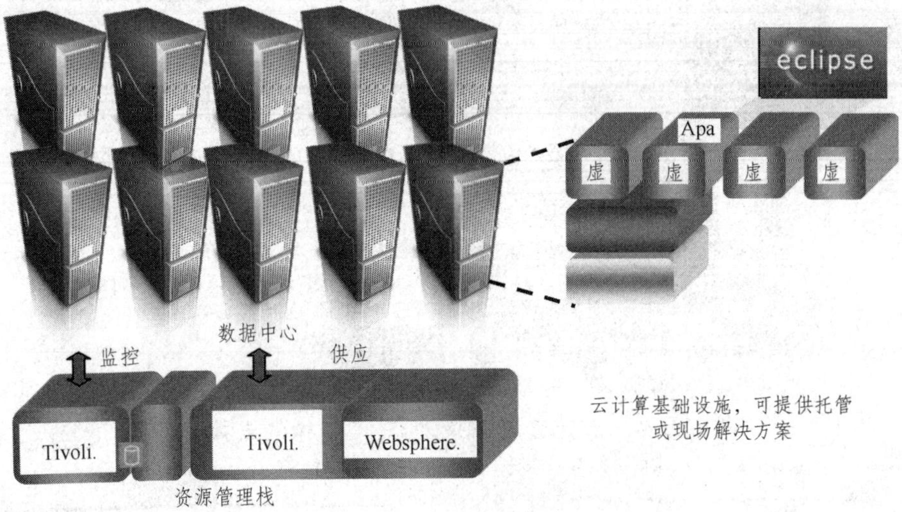

图 7.7 云计算体系物理结构

云计算体系特点：通过 Internet 接入、不需要自身具有 IT 技术来实施、第三方提供、资源共享、无多余功能开发、无多余费用、系统延续性好。

目前的 IT 架构如图 7.8 所示。

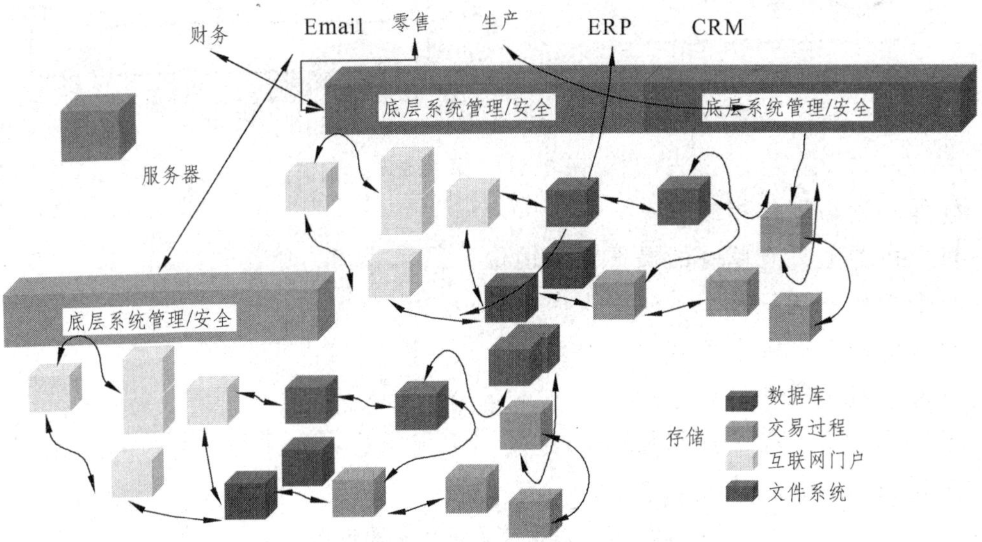

图 7.8 目前的 IT 架构

未来 10 年集成了云计算应用的动态 IT 架构（见图 7.9）。

3. 云计算核心技术

1）虚拟化

虚拟化是将硬件、操作系统和应用程序一同装入一个可迁移的虚拟机档案文件中，如图 7.10 所示。其特点如下：

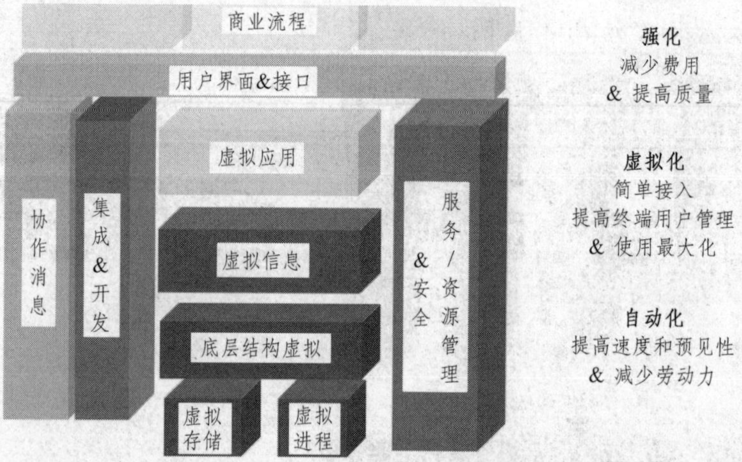

图 7.9 云计算对未来动态 IT 架构的支撑

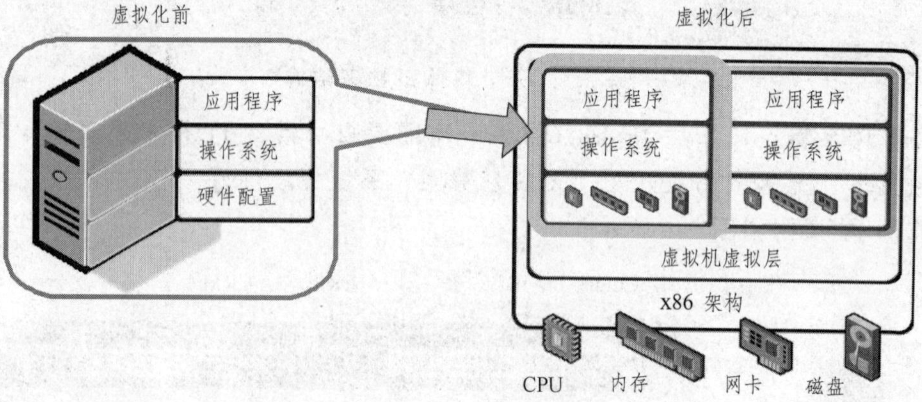

图 7.10 虚拟化

· 软件必须与硬件相结合；
· 每台机器上只有单一的操作系统镜像；
· 每个操作系统只有一个应用程序负载；
· 每台机器上有多个负载；
· 软件相对于硬件独立；
· 虚拟化技术提高了资源利用率。

虚拟化技术及其功能如表 7.2 所示。

表 7.2 虚拟化云平台关键技术

技术	功能
虚拟化	虚拟化实现资源“空分、时分”共享，提升利用率
分布式计算和存储	分布式的计算、存储提升系统全网可靠性，降低对单点硬件可靠性的依赖，降低采购成本
集群化运维管理系统	基于网络运维管理平台，提高全网的运维效率
跨域资源管控	基于网络的业务部署支撑跨域业务，提升用户体验
优化的硬件	高能效比、针对云计算优化的硬件降低整体成本

以虚拟化为基础，采用分布式计算和存储，结合优化的硬件，通过集群化运维管理系统，实现计算、存储、网络等资源的动态分配及部署，真正实现"按需取用"。

（1）计算虚拟化。

使用虚拟化技术，将多台服务器的应用整合到一台服务器上的多个虚拟机上运行，如图 7.11 所示。其 CPU 占用率如图 7.12 所示。

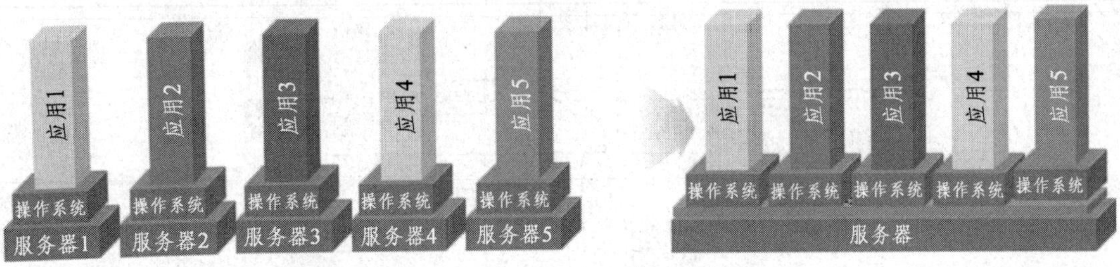

图 7.11 应用整合

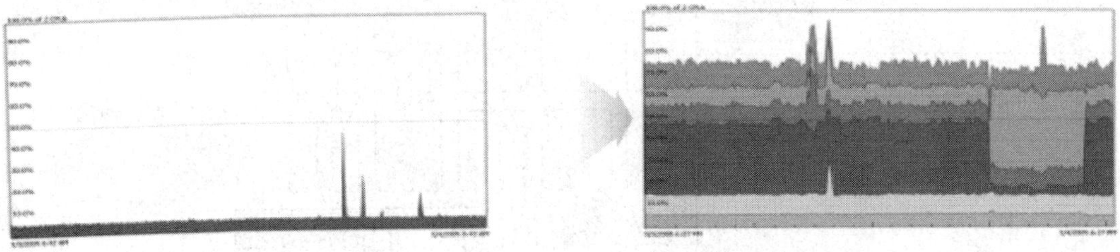

图 7.12 一台服务器虚拟化整合五个应用后的 CPU 利用率

计算虚拟化提高了服务器资源的利用率，安全可靠地降低了数据中心 TCO（总拥有成本）。

（2）分布式存储（见图 7.13）。

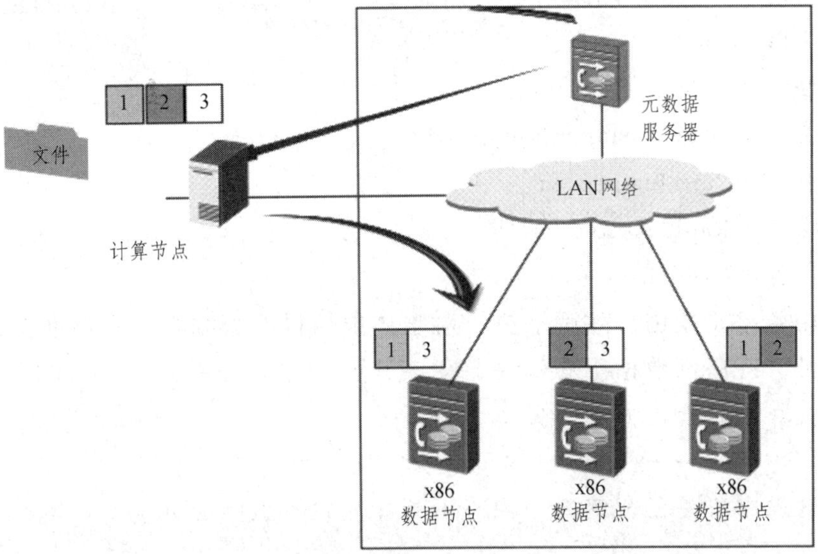

图 7.13 数据的分布式存储

① 分布式存储技术：存储数据时，文件被分块，分别存储在不同数据节点上。

② 容错：数据副本数不小于 2，单数据节点故障时文件分块完整保存，后续保证充分复制。

③ 并发读写：读写数据时，在不同数据节点上实现并发读写。

（3）云资源调度。

以弹性计算服务为例说明（见图 7.14）：

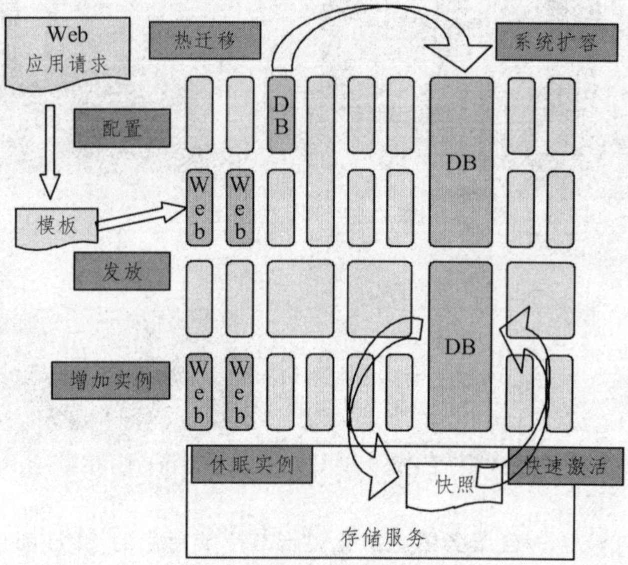

图 7.14 弹性计算服务

需了解的术语：

· 配置资源参数（Configure）;

· 发放（Provision）;

· 热迁移（Live Migration）;

· 增加实例（Grow Instance）;

· 休眠实例（Park Instance）;

· 快速激活（Rapid Active）;

· 系统扩容（Grid Grow）。

虚拟机的效率是关键，效率取决于对整体虚拟机的资源管理和调度自动化管理。

（4）云计算互联网数据中心解决方案（见图 7.15）。

（5）云计算平台建设方案（见图 7.16）。

（6）存储虚拟化——StaaS/DaaS 云存储方案（见图 7.17）。

互联网数据中心是云存储的一种使用场合，如图 7.18 所示。

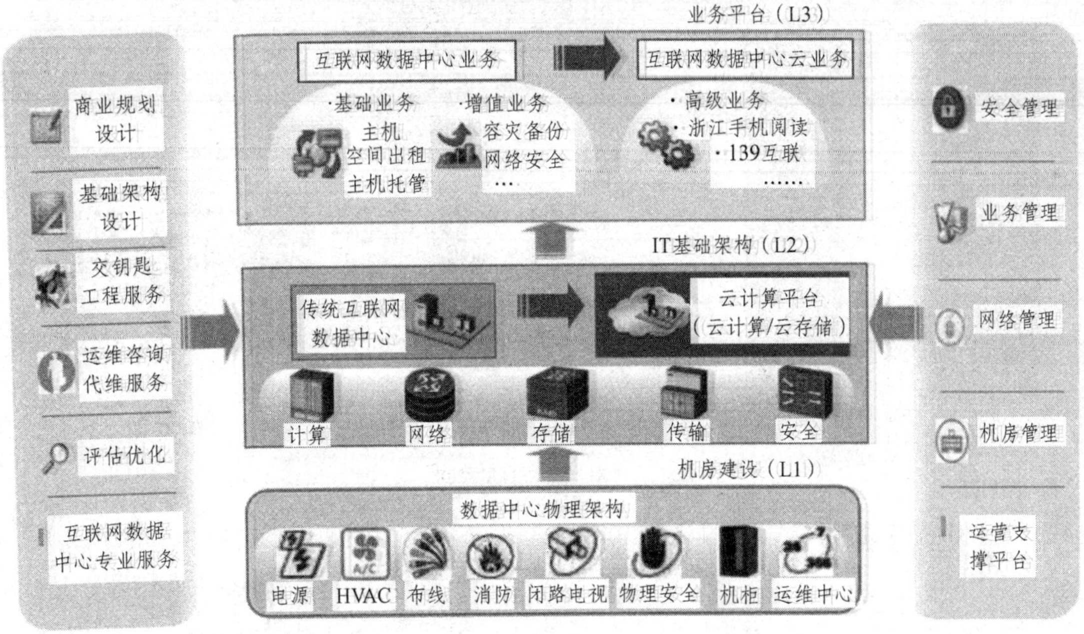

图 7.15 云计算互联网数据中心解决方案

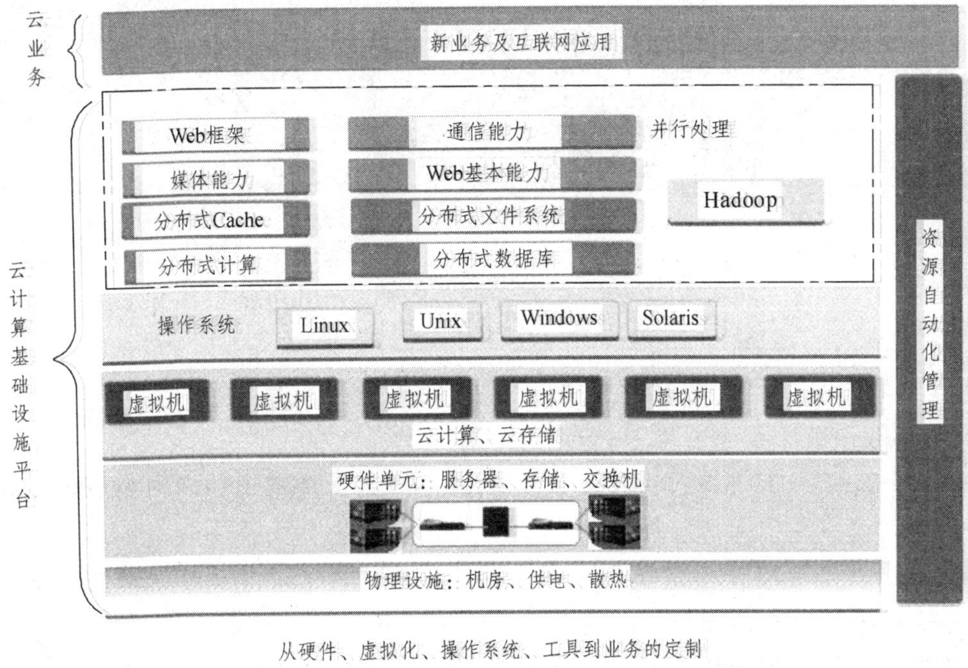

图 7.16 云计算平台建设方案

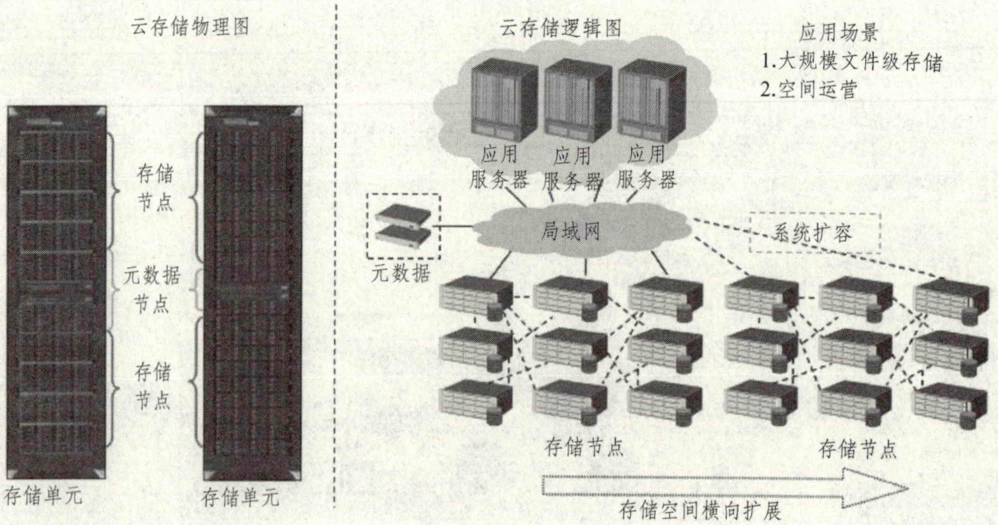

图 7.17 云存储方案

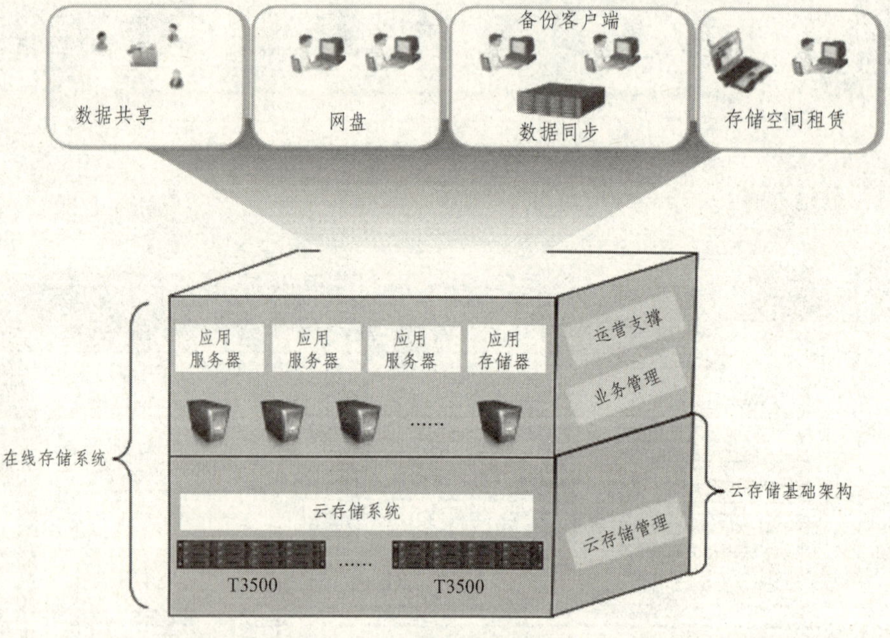

图 7.18 互联网数据中心

2）海量数据分布存储技术

GFS（Google 文件系统）是一个可扩展的分布式文件系统，用于大型的、分布式的、对大量数据进行访问的应用。

一个 GFS 集群由一个主服务器和大量的块服务器构成，并被许多客户访问。主服务器存储文件系统所有的元数据，包括名字空间、访问控制信息、从文件到块的映射，以及块的当前位置。它也控制系统范围的活动。主服务器定期通过心跳消息与每一个块服务器通信，给块服务器传递指令并收集它的状态。GFS 中的文件被切分为 64 MB 的块并以冗余存储，每份数据在系统中保存 3 个以上备份。

客户与主服务器的交互仅限于对元数据的操作，所有数据方面的通信都直接和块服务器联系，这大大提高了系统的效率，防止主服务器负载过重。

3）海量数据管理技术

云计算需要对分布的、海量的数据进行处理、分析，因此，数据管理技术必须能够高效地管理大量的数据。云计算系统中的数据管理技术主要是 Google 的 BT（Big Table，大表）数据管理技术和 Hadoop 团队开发的开源数据管理模块 HBase。

BT 是一个大型的分布式数据库，与传统的关系数据库不同，它把所有数据都作为对象来处理，形成一个巨大的表格，用来分布存储大规模结构化数据。

Google 的很多项目使用 BT 来存储数据，包括网页查询、Google earth 和 Google 金融。这些应用程序对 BT 的要求各不相同：数据大小（URL、网页、卫星图像等）不同；反应速度不同（从后端的排队处理到实时数据服务）。对于不同的要求，BT 都成功地提供了灵活高效的服务。

4）云计算平台管理技术

云计算资源规模庞大，服务器数量众多并分布在不同的地点，同时运行着数百种应用，如何有效地管理这些服务器，保证整个系统提供不间断的服务是巨大的挑战。

云计算系统的平台管理技术能够使大量的服务器协同工作，方便进行业务部署和开通，快速发现和恢复系统故障，通过自动化、智能化的手段实现大规模系统的可靠运营。

4. 什么是支撑云

支撑云：当前的运营支撑系统在保持传统能力的基础上，充分利用云技术而发展出来的，能够满足云化部署，且支持云化业务及网络运营，并可以向业务层开放的"新能力"。支撑云服务及系统架构如图 7.19 所示。

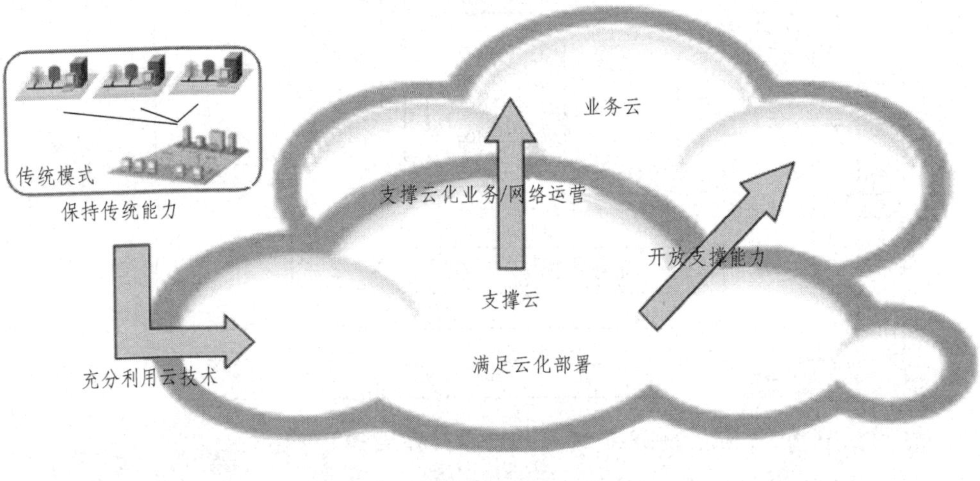

（a）支撑云服务全景图

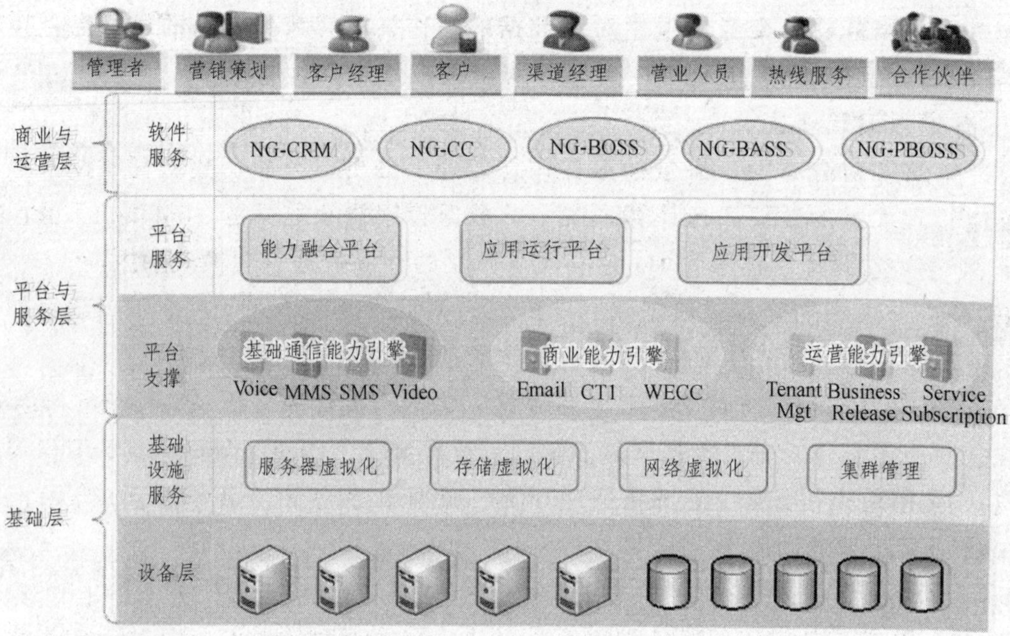

（b）支撑云系统架构

图 7.19 支撑云

数据的云存储管理方案如图 7.20 所示。

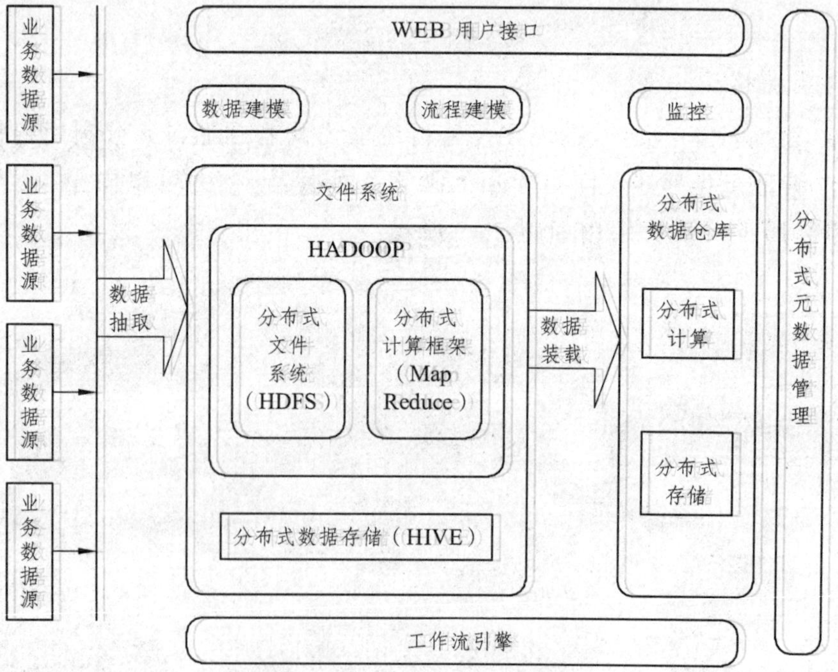

图 7.20 数据云存储管理

云存储中文件系统域和数据仓库域以廉价的高存储计算机或者单板机代替以往的小型机，联合提供极高的运算能力和极低的存储成本。

云计算技术使硬件投资大幅降低，如表 7.3 所示。

表 7.3　采用云计算技术硬件投资成本至少降低 60%（以河南现网数据做参考）

费用项目	现网数据仓库	基于云的 BI 商务智能系统
硬件成本	4 000 万元（6 台 superdome，满配；300 T 的 EMC 存储）	1 500 万元（120 台个人计算机服务器；300 T 的硬盘）
性能	6 小时	1 小时（实验室数据）
数据容量上限	200 T（以现网实际运行情况来看，一般 100 T 以上需考虑分库）	至少 1.5 P
扩充性	1 台 superdome 只能管理 4 000 个磁盘设备	可线性扩充

业务云架构如图 7.21 所示。

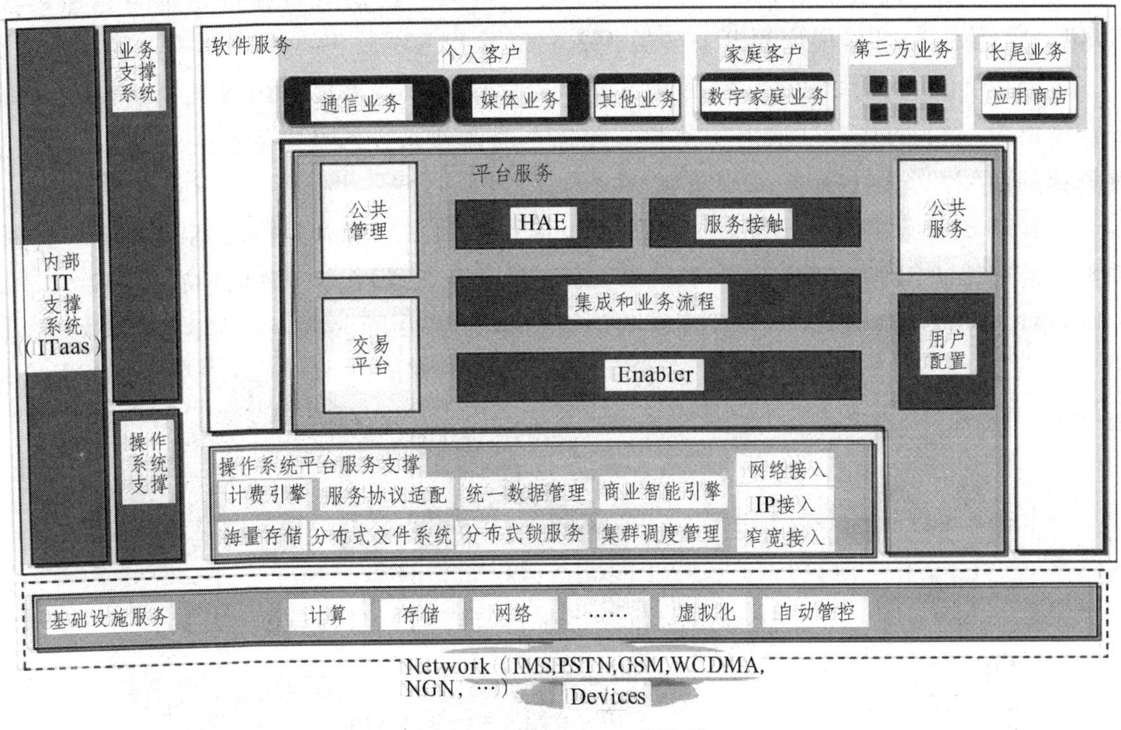

图 7.21　业务云全景图

基于现有开放业务交付平台解决方案，在进一步提供服务的多样性、灵活性、满足合作伙伴和开发者需求等方面进行发展，通过集成更多类型的应用程序，并对能力 API 进行再次组合、封装，加入屏蔽和控制策略，扩大开放能力的范围，通过“业务云”向合作伙伴、开发者开放媒体和内容相关的能力和服务。

HAE 主要能力规划如下。

1）总体需求

一个平台，同时满足自有业务和第三方业务的开发和运行；同时支持不同类型的开发工具和执行环境，满足不同类型业务的需求，降低开发者门槛。

2）商业模式

支持对各种资源、API按使用量付费。

3）在线开发工具和开放的运行环境

主要是基于web的在线开发环境、基于Web的应用部署管理，以及各种级别受控和可信的应用执行环境（托管模式）。后续第三方的业务开发、部署完全在云端实现，抛弃现有“集成开发环境”式的开发模式，不需要开发者解决应用托管问题。有浏览器就可以开发和部署业务。

4）自动化部署和管理

强调自动化部署和管理，整个过程不需要运营商人工参与。

5）与基础设施服务的区别

基础设施服务提供基础的计算能力和资源。HAE 提供的服务是基本的“虚拟机+OS”为粒度，与具体的应用开发环境无关。

平台服务支撑提供的是与应用开发环境相对应的运行环境。两者共同实现对计算资源和能力 API 的更高层次的抽象和虚拟化，降低开发者的开发难度，并进一步细化对资源的使用和安全控制，实现更细粒度资源的按需分配。

通过基础设施服务的云化，实现业务资源自动调度，提升资源利用率。统一的虚拟平台简化维护工作，提升维护效率、动态扩展业务处理能力，简化扩容过程。

WAP应用从传统模式向云计算模式的转化如图 7.22 所示。

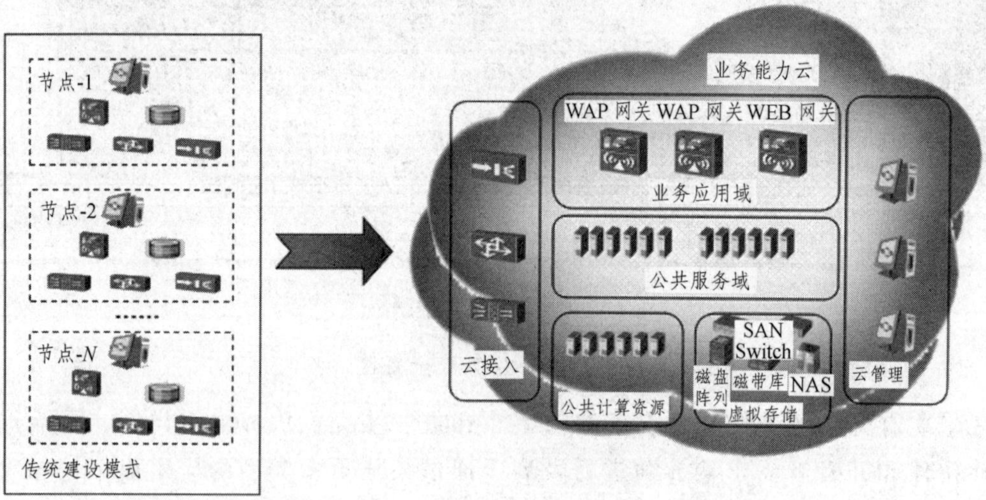

图 7.22　WAP 的云化

云化后在组网、软件部署、服务接入、硬件资源使用和管理模式上由垂直建设模式向水平化建设模式演进。

WAP/MMS 业务云平台部署方案如图 7.23 所示。

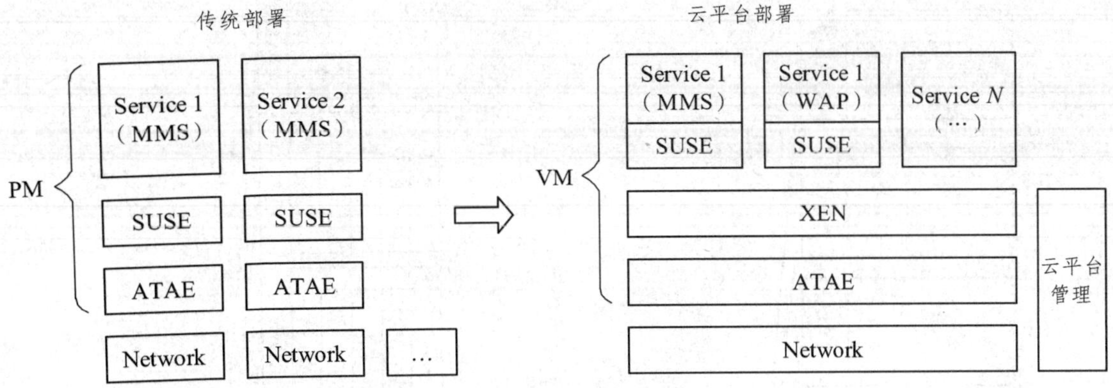

图 7.23 WAP/MMS 云平台部署

此方案要点如下：

- WAP/MMS 网关程序运行于虚拟机之上；
- 通过虚拟化平台提供的 API，USM 进行灵活的业务调度。

WAP/MMS 云化切换方案如图 7.24 所示。

WAP/MMS 业务云化前后硬件配置如表 7.4 所示。

表 7.4 WAP/MMS 业务云化前后配置对比

	云化前		云化方案	
	WAP，30 000 TPS	MMSC，3 000 条/秒	WAP：30 000 TPS MMSC：3 000 条/秒	节省百分比
ATAE 单板数量	31	20	48	5.88%
机柜数量	3	2	4	20.00%
存储数量	3 个 S5300 主控柜，6 个扩展柜，211 块 300 G 硬盘，功耗 4 650 W，高度 36 U	2 个 S5300 主控柜，4 个扩展柜，135 块 300 G 硬盘，功耗 3 100 W，高度 24 U	2 个 S5300 主控柜，4 个扩展柜，127 块硬盘，6 台 T3500（24*1 T），功耗 6 100 W，高度 48 U	21.29%（功耗），20.00%（高度）
机柜数量	5	5	6	40.00%
功耗数量	17 493 W	14 115 W	21 842 W	30.90%

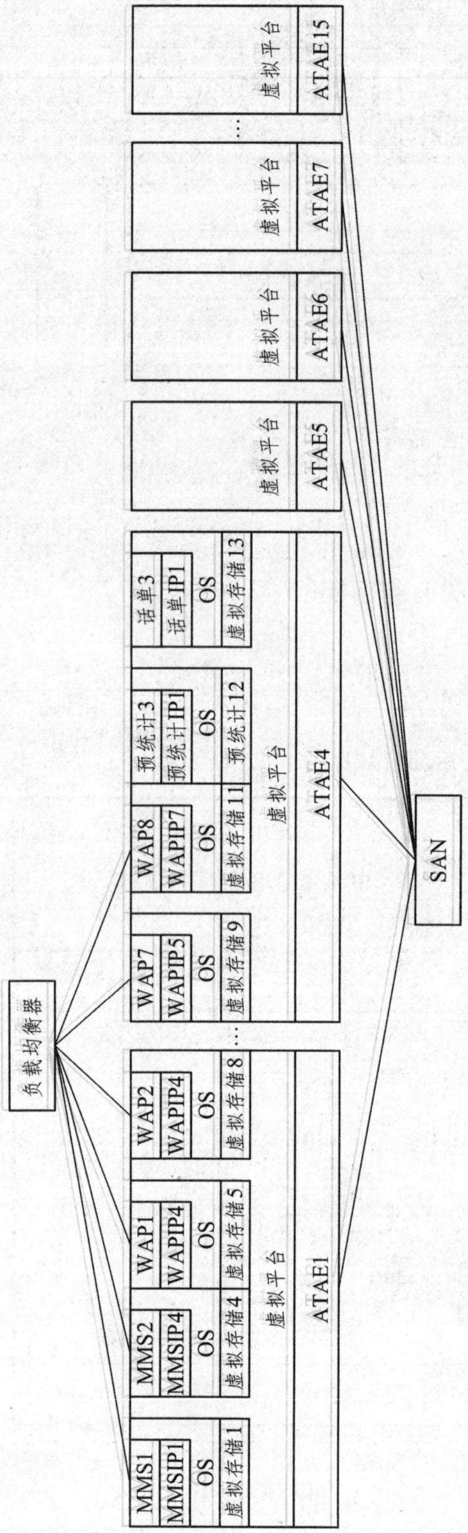

（a）云化切换方案（业务空闲）

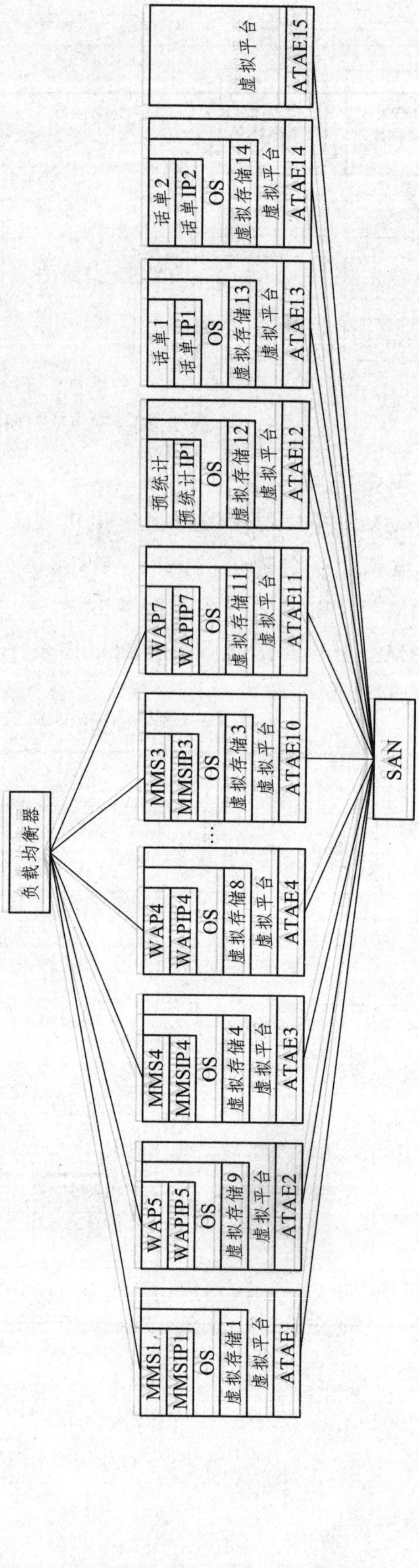

（b）云化切换方案（业务繁忙时）

图 7.24 WAP/MMS 云化切换方案

7.3 云计算的应用

1. 云计算在基础设施服务中的应用

1）实现模式

完全操作系统（软硬件）接入、防火墙、路由器、负载平衡。

2）优势

节省费用（所付及所用）、即时升级、安全、可靠、API 丰富。

3）实例

若想运行成批的程序组，但是没有合适的软硬件环境，可使用 Amazon 的 EC2。若想在网络上发布一个短期（几天到几个月）的网站，可使用 Flexiscale。

2. 云计算在平台服务中的应用

1）实现模式

平台实现流行的服务、存储、数据库、扩展性。

2）优势

节省费用（所付及所用）、即时升级、安全、可靠、API 丰富。

3）实例

若想把一个大容量的文件上传到网络上，允许 35 000 个用户使用 2 个月的时间，可使用 Amazon 的 Cloud Front。若想在网络上存储大量的文档，但是没有足够的存储空间，可使用 Amazon 的 S3。

3. 云计算的应用—Microsoft Windows Azure

The Azure™ Services Platform（Azure）主机位于微软的数据中心，是一个基于 Internet 的云服务平台。提供操作系统和一系列的开发服务，各种服务可进行自由组合，如图 7.25 所示。

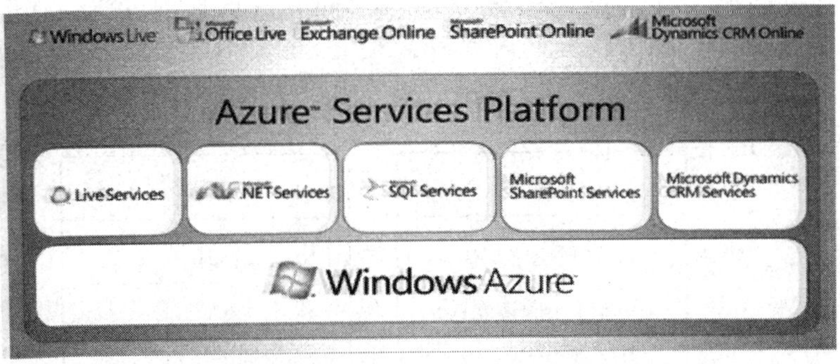

图 7.25 Microsoft Windows Azure

市场上主要的平台服务如下：

· Google Apps；

· Python only;
· BigTable;
· Heroku;
· Ruby on Rails hosted on EC2;
· Force.com;
· Apex;
· Bungee Connect;
· Bungee Logic（a C-family language similar to C#）;
· Microsoft!;
· Azure - .NET hosted in MS datacentres。

4. 云计算在软件服务中的应用

1）实现模式

在中小企业盛行，无须管理软硬件，服务通过浏览器实现。

2）优势

不浪费费用，即时扩展，安全、可靠，API 丰富。

3）实例

CRM、财务计划、HR、文字处理、Email 等。

5. 云计算的应用

1）应用

基础设施服务、平台服务与软件服务的共性。

不浪费费用、即时扩展、安全、可靠、API 丰富。

2）优势

用户花费低、减少底层管理职责、允许意想不到的资源装载、业务应用实现迅速。

3）风险

安全性、宕机问题、接入问题、独立性、协同互动问题等。

云计算带来的变化如图 7.26 所示。

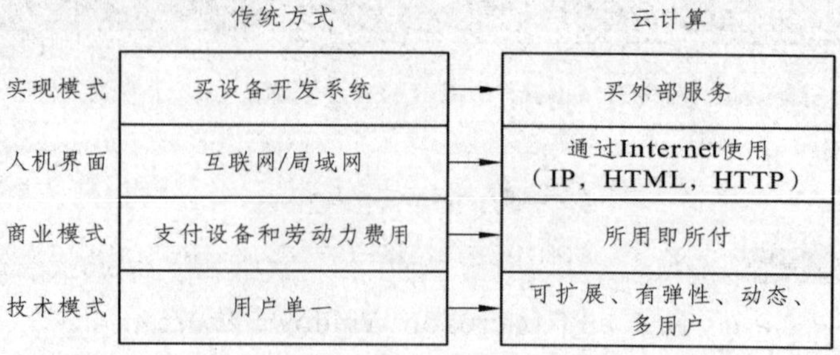

图 7.26 云计算带来的变化

6. 云计算的发展

自从互联网诞生以来，没有任何一种技术概念能像云计算这样受关注。云计算有望实现更高的运行效率和更低的成本，为关键任务提供更多有价值的资源，在未来几年内，云计算很可能影响整个信息技术领域。

云计算的发展趋势如下：

· 接入能力：可以从任何地点、任何设备接入服务和数据；

· 共享能力：数据的建立和数据的存储共享容易方便；

· 自由：不希望受数据的影响；

· 简单：容易学会，容易使用；

· 安全：相信数据不会丢失或不会被不允许的人看到，互联网用户的新需求为云计算提供了服务基础。

1）技术前景

云计算不但是新技术的结合，更是一种业务模式创新，如图 7.27 所示。

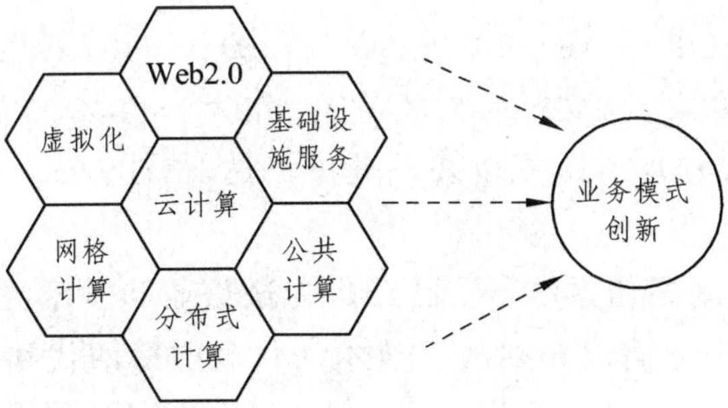

图 7.27 云计算技术前景

2）市场前景

云计算市场前景如图 7.28 所示。

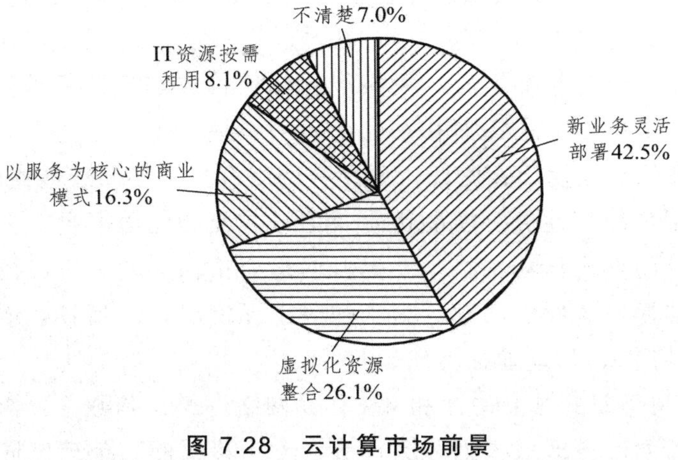

图 7.28 云计算市场前景

8 下一代移动通信技术

8.1 下一代移动通信技术概述

下一代移动通信技术即第五代移动通信技术（5th generation mobile networks 或 5th generation wireless systems、5th-Generation，简称 5G 或 5G 技术）是最新一代蜂窝移动通信技术，也是继 4G（LTE-A、WiMax）、3G（UMTS、LTE）和 2G（GSM）系统之后的延伸。5G 的性能目标是高数据速率、减少延迟、节省能源、降低成本、提高系统容量和大规模设备连接。Release-15 中的 5G 规范的第一阶段是为了适应早期的商业部署。Release-16 的第二阶段于 2020 年 7 月完成，作为 IMT-2020 技术的候选提交给国际电信联盟（ITU）。ITU IMT-2020 规范要求速度高达 20 Gbit/s，可以实现宽信道带宽和大容量 MIMO。

近年来，第五代移动通信系统 5G 已经成为通信业和学术界探讨的热点。5G 的发展主要有两个驱动力。一方面以长期演进技术为代表的第四代移动通信系统 4G 已全面商用，对下一代技术的讨论提上日程；另一方面，移动数据的需求爆炸式增长，现有移动通信系统难以满足未来需求，急需研发新一代 5G 系统。

5G 的发展也来自对移动数据日益增长的需求。随着移动互联网的发展，越来越多的设备接入移动网络中，新的服务和应用层出不穷，全球移动宽带用户在 2018 年达到 44 亿，到 2020 年，预计移动通信网络的容量需要在当前的网络容量上增长 1000 倍。移动数据流量的暴涨将给网络带来严峻的挑战。首先，如果按照当前移动通信网络发展，容量难以支持千倍流量的增长，网络能耗和比特成本难以承受；其次，流量增长必然带来对频谱的进一步需求，而移动通信频谱稀缺，可用频谱呈大跨度、碎片化分布，难以实现频谱的高效使用；此外，要提升网络容量，必须智能高效利用网络资源，例如针对业务和用户的个性进行智能优化，但这方面的能力不足；最后，未来网络必然是一个多网并存的异构移动网络，要提升网络容量，必须解决高效管理各个网络、简化互操作、增强用户体验的问题。为了解决上述挑战，满足日益增长的移动流量需求，亟须发展新一代 5G 移动通信网络。

5G 移动网络与早期的 2G、3G 和 4G 移动网络一样，是数字蜂窝网络，在这种网络中，供应商覆盖的服务区域被划分为许多被称为蜂窝的小地理区域。表示声音和图像的模拟信号在手机中被数字化，由模数转换器转换并作为比特流传输。蜂窝中的所有5G无线设备通过无线电波与蜂窝中的本地天线阵和低功率自动收发器(发射机和接收机)进行通信。收发器从公共频率池分配频道，这些频道在地理上分离的蜂窝中可以重复使用。本地天线通过高带宽光纤或无线回程连接与电话网络和互联网连接。与现有的手机一样，当用户从一个蜂窝穿越到另一个蜂窝时，他们的移动设备将自动“切换”到新蜂窝中的天线。

5G网络的主要优势在于，数据传输速率远远高于以前的蜂窝网络，最高可达10 Gb/s，比当前的有线互联网要快，比4G LTE蜂窝网络快100倍。另一个优点是它具有较低的网络延迟（更快的响应时间）（低于1 ms），而4G为30~70 ms。由于数据传输更快，5G网络将不仅仅为手机提供服务，而且还将成为一般性的家庭和办公网络，与有线网络竞争。

8.2 5G技术之路

众所周知，在近30年的时间内，全球移动通信已从20世纪80年代的第一代发展到目前的第四代。我国的移动通信产业经历了全过程，从第一代的引进、第二代的跟进、第三代的参与、到第四代的自主研发，力图在第五代达到引领，得益于国家政策的大力支持和通信人的不懈努力。

我国移动通信先后建设了9张网络：A、B、C、G、D、3G（3张）和目前正在大力建设的TD-LTE（4G）。

（1）1G（the first generation）：A网和B网，模拟体制、FDMA，不同用户同时分配不同频点。由爱立信和摩托罗拉建设，形成了A网和B网，两张网的用户不能互通，A网地区是北京、天津、上海以及除河北、山东以外的各个地区；B网地区是北京、天津、上海、河北、辽宁、江苏、浙江、四川、黑龙江、山东等地。1996年1月，A、B网联网，能在全国30个省（市、自治区）自动漫游，但从A网区到B网区，需要用户在手机上操作转网（1999年A网和B网同时关闭）。

（2）2G（the second generation）：C网、G网和D网，数字体制、TDMA，不同用户同频分配不同时隙。C网：CDMA1X，接通率高、噪声小、发射功率小，能实现移动电话的各种智能业务，电信运营商重组前由中国联通拥有。G网：GSM，20世纪90年代中期开始建设，能提供许多新业务，具有漫游范围广的特点，称为“全球通”。G网工作于900 MHz频段，频带比较窄。随着移动用户的迅猛增长，G网已达到容量饱和，为此又建设了“D”网。D网：DCS1800，基本体制与GSM900系统一致，但工作于1800 MHz频段，需要用全球通1800手机。如果使用双频手机，也能在G网漫游、自动切换。许多城市是DCS1800系统和GSM900系统同时覆盖一个地区，称为全球通双频系统，其容量能成倍增长。

（3）2.5G：2G到3G的衔接，典型代表有：

① GPRS（General Packet Radio System）：提供分组数据交换，采用与 G 网相同的频段、带宽、调制模式和 TDMA 帧结构，数据传输速率可达 115kbps，支持随时在线，按流量或时间计费。

② EDGE（Enhanced Data rates for Global Evolution）：将 GPRS 发挥到极限，可透过无线网络提供宽带多媒体服务，数据传输速率可达 384kbps，支持无线多媒体、电子邮件、网络娱乐、视频会议等。

③ WAP（Wireless Application Protocol）：移动通信与互联网结合的第一阶段性产物。用户可用手机上网，但要求网站以 WML（无线标记语言）编写，相当于 Internet 上的 HTML（超文件标记语言）。

（4）3G（the third generation）：TD-SCDMA、WCDMA、CDMA2000 和 WiMAX，不同用户同时同频分配不同码字。

3G 可提供丰富的移动多媒体业务，传输速率在高速移动环境为 144 kb/s，步行慢速移动环境为 384 kb/s,静止状态为 2 Mb/s。其设计目标是提供比 2G 更大的系统容量、更好的通信质量，能在全球范围内实现无缝漫游，为用户提供话音、数据及多媒体业务，并与 2G 系统兼容。3G 的主流标准有：WCDMA（中国联通）、CDMA2000（中国电信）与 TD-SCDMA（中国移动），我国 2009 年 1 月颁发 3 张 3G 牌照。

（5）4G（the fourth generation）： TD-LTE 和 FDD-LTE，不同用户分配不同子载波组。集 3G 与 WLAN 于一体并能传输高质量视频业务，视频质量与高清电视相当。4G 系统能提供 100 Mb/s 的下行速率，上行速率也高达 20 Mb/s，能满足几乎所有用户对无线服务的要求。我国 2013 年 12 月向 3 家运营商同时颁发了 TD-LTE 牌照。

随着 4G 的全球商用，针对第五代移动通信（5G）的研究已成为近几年通信业界共同关注的热点，业界致力于 2020 年全面开展 5G 商用

人们将时间节点瞄准 2020 年的主要原因是：

近几年，移动通信网承载的 IP 数据业务年均增幅超过 100%，从 2010 年的 3 艾字节（1 艾字节=1016 字节）增长到 2018 年将超过 190 艾字节，预计 2020 年将超过 500 艾字节。目前需求最大的业务是视频流，但 2020 年可能会有新的业务形态出现（如互动业务）。终端数量和数据速率也将持续呈指数增长，预计 2020 年通信终端将达到数十亿至数百亿台（D2D、M2M）。必须发展新的通信技术来应对未来移动通信新的需求。

目前全球已有多个区域论坛和专项提出了 5G 标准的大致轮廓，并开展相关关键技术研究：

（1）欧盟第七框架计划（FP7）专项 METIS。

（2）国际电信联盟 ITU-R 2020 工作组。

（3）英国的 5GNOW 论坛。

（4）英国的 5G 创新中心 5GIC。

（5）中英科学桥计划中的 B4G 无线移动通信专项。

（6）中国的 IMT-2020（5G）。

（7）日本电波产业协会的 2020 and Beyond Ad Hoc 论坛。

（8）韩国的 5G 论坛。

（9）欧洲电信标准化组织设立的下一代移动网络论坛（NGMN）。

（10）无线世界研究论坛（WWRF）。

（11)3GPP 组织虽然在 LTE Rel-12 版本中已涉及诸如 Massive MIMO 等 5G 候选技术研究，但针对 5G 标准化工作尚无时间表，拟计划成立 5GPP 工作组开展工作；

（12）在企业界，爱立信、诺基亚、三星、华为、大唐电信、阿尔卡特朗讯、中国移动、DoCoMo 等先后发布了 5G 白皮书和研究报告。

2014 年 2 月，国际电信联盟无线通信部门（ITU-R）的 WP5D 移动通信系统工作组在越南召开了第 18 次会议，中国、欧洲、韩国、日本等国家和地区提出了各自的 5G 构想。ITU-R 将在今年的世界无线电通信大会 WRC-15 上确定 5G 蓝图，在 2018 年的世界无线电通信大会 WRC-18 上决定 5G 频率，在 2015—2018 年前后正式确立 5G 移动通信国际标准和核心技术。

2015 年 5 月 29 日，中国 IMT-2020（5G）推进组在北京召开了第三届 IMT-2020（5G）峰会，发布中国《5G 无线技术架构》和《5G 网络技术架构》白皮书，包含的 5G 关键技术有 Filtered-OFDM（可变子载波 OFDM）、稀疏码多址（SCMA）、极化编码（Polar Code）、Massive MIMO、网络功能虚拟化（Network Function Virtualization）、网络分片、控制功能重构等。

未来的无线通信需要实现三大突破：

（1）构建协同异构融合的无线网络架构，如图 8.1 所示。

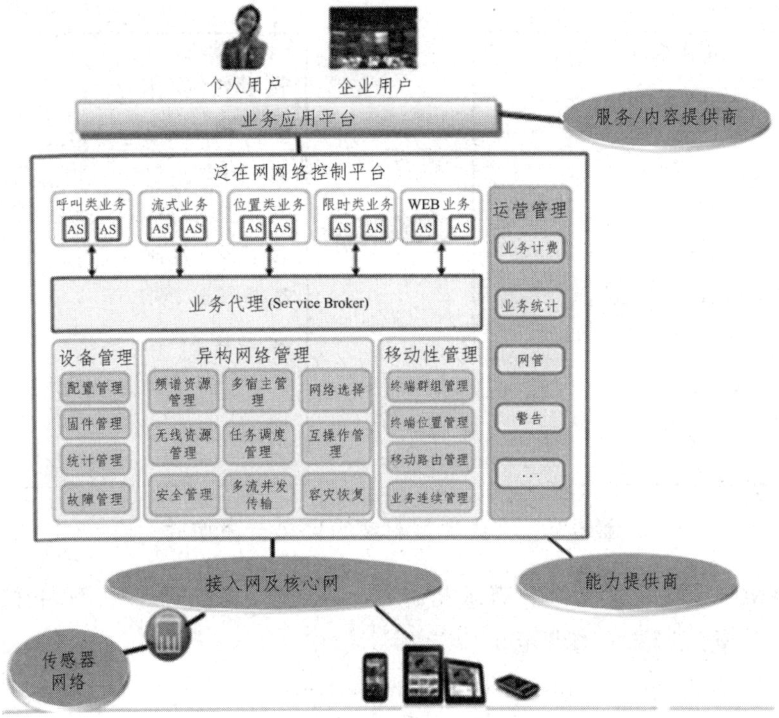

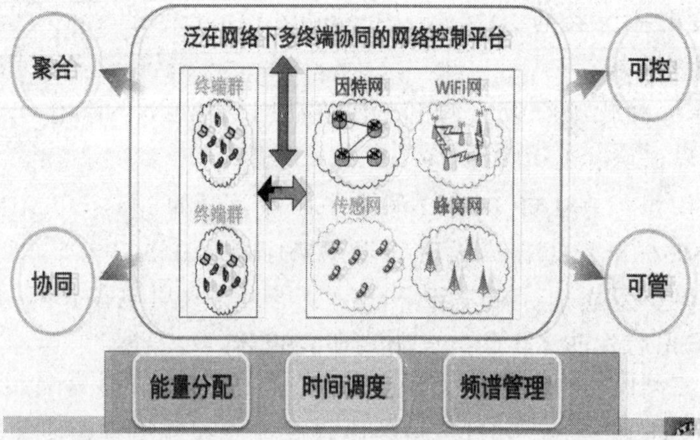

图 8.1　构建协同异构融合的无线网络架构

（2）发展面向不同需求的多种接入手段：

① 2G、3G、4G、WiFi 接入；

② 蜂窝、短距离、室内、室外接入；

③ 超短波、微波、毫米波、可见光；

④ 集中式和分布式接入；

⑤ 授权、免申请频谱接入。

（3）建立以业务为驱动的信息传输模式，如图 8.2 所示。

不同业务采用不同传输技术，实现信源与信道的跨层匹配、认知和自适应，增强传输能力。

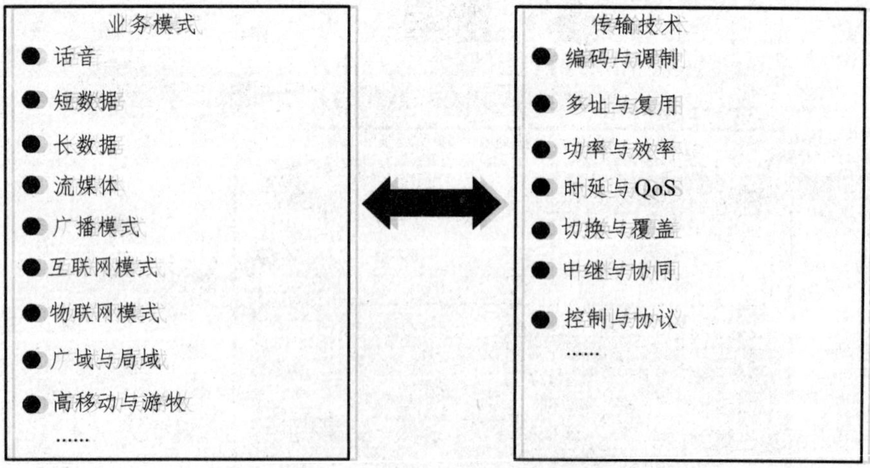

图 8.2　以业务为驱动的信息传输模式

尽管目前 5G 尚未形成标准，需求指标尚不明确，基础理论也不完善，关键技术有待攻克，但公认 5G 的核心技术至少应包括：

① 高密度异构网络（ultra-densification HetNets）；

② 大规模 MIMO（massive multiple-input multiple-output）；

③ 同时同频全双工通信（all-duplex communication）；

④ 毫米波、可见光传输（mmWave transmission、VLT）；

⑤ 此外，还包括传输波形设计、网络架构虚拟化、频谱效率和能量效率提升技术等。

8.3 5G 技术需求

5G 的工程需求主要包括数据速率、频谱效率、能量效率、传输时延、可靠性等。

1. 数据速率

（1）总数据速率或区域容量：至少是 4G 的 1000 倍。

（2）边缘速率或 5%速率：至少是 4G 的 100 倍，即用户体验速率为 0.1 ~ 1 Gb/s，足以满足高清视频流的传输服务要求。

（3）峰值速率：网络能提供的最大数据速率为达 10/20 Gb/s。

2. 传输时延

4G 系统的往返时延是 15 ms（子帧时长 1 ms，含数据、资源分配和接入控制等开销），该时延能满足目前大多数业务的传输要求，但 5G 系统支持的业务包括互动游戏、新的触屏业务、虚拟现实（Google 眼镜、穿戴式计算机）、D2D 等，要求往返时延是 1 ms。为此，需要减小子帧时长，并改进相关协议和核心网架构。

3. 资源效率

（1）频谱效率：提高 5 ~ 15 倍。

（2）能量效率：提高 100 倍。

（3）成本价格：下降 100 倍。

4. 其他支持能力

（1）支持不同类型大量终端设备的并发接入。

（2）支持每平方千米 1 百万的连接数密度。

（3）支持每平方千米数十太比特每秒的流量密度。

（4）支持 500 km/h 以上的移动性。

8.4　5G 关键技术

1. 高密度异构网络

密集部署异构网络，利用更高的频谱复用度来提高频谱效率和系统容量。

减小蜂窝尺寸能提高网络容量，如在 1G 系统中，单蜂窝覆盖区域达到数百平方千米，随着用户数的增加，系统容量需求越来越大，已逐渐将单蜂窝覆盖区域缩小为几平方千米。

广泛部署的皮蜂窝（picocell）蜂窝半径小于 100 m；飞蜂窝（femtocell）蜂窝半径只有 20 多米；分布式天线系统（DAS）类似于皮蜂窝，不同天线组覆盖不同区域，但集中执行基带处理，共用 ID。

缩小蜂窝尺寸的好处：

（1）提高频率复用度。

（2）减少用户接入冲突。

（3）随着通信距离缩短，路径损耗降低，功耗降低，能效提高、电磁污染减小。

（4）极端情况下，一个基站只为一个终端提供接入服务，资源管理和回程连接非常简单。

减少蜂窝尺寸的缺点：建网成本增大；蜂窝结构复杂；移动切换频繁；异构多网混叠，干扰协调压力大等。

高密度部署异构网络面临的技术挑战包括：

（1）如何设计高密度异构多网体系架构和共存协调机制，在获得频谱效率、能量效率、系统容量提升的同时，避免网间干扰？

（2）如何设计新型的无线接入技术，优化边缘数据速率？

（3）如何支持用户高速业务和高移动性需求？

（4）如何降低组网、运维和回程（backhaul）链路成本？

1）中国提出的蜂窝网络架构

统计表明：无线用户在室内的时间约占 80%，在室外的时间仅占 20%，而目前的蜂窝通信网络是在小区中心部署一个室外基站，与移动用户进行通信，无论该用户是位于室内，还是室外。室内用户与室外基站通信，电波必须穿透建筑物外墙，会产生严重的穿透损耗，从而降低无线传输的数据速率、频谱效率和能量效率。

中国提出的 5G 蜂窝架构的基本思想：将室内和室外分离，以避免建筑物墙体造成的穿透损耗。

采用分布式天线系统（DAS），围绕小区在不同空间位置分布部署数十至数百根天线单元，这些天线单元通过光纤接至基站设备，提供强大的天线增益（分布部署、集中处理）。

室外用户仅配置少量天线单元，通过彼此协作，形成虚拟大规模 MIMO 链路（cooperative communication）。

室外基站配置大规模 MIMO（massive MIMO）系统，并在每座建筑物的外墙也安装大规模天线阵列，用于与室外基站或分布式天线系统通信，这些大规模天线阵列通过电缆与室内无线接入点（WAP）连接。基于该架构，室内用户仅需利用室内部署的 WAP 实施通信，而 WAP 与建筑物外墙上安装的大规模阵列天线连接，通过与室外基站通信，实现全网用户互联互通。

室内通信采用短程通信技术提供高的数据速率，如 WiFi、Femtocell、超宽带（UWB）、毫米波和可见光通信（VLC）等。

毫米波通信和可见光通信由于频率高，穿透能力差，空气、雨雾、气压等自然环境因素均会对其形成吸收和散射，无法用于室外远距离通信，但其具有的高带宽却可对室内用户提供短距离高速数据传输。

该蜂窝网络架构是异构的：宏蜂窝、微蜂窝、小蜂窝、中继站等。

为满足高速运动车辆（如高铁、动车）内用户的通信需求，在网络架构中引入新的网元——移动飞蜂窝（MFemtocell）。移动飞蜂窝融合了移动中继和飞蜂窝的特点，部署在车厢箱体内部，为车内用户提供通信服务，而大规模天线部署在厢体外部与室外基站实施通信，大规模天线系统再通过电缆与车厢内的飞蜂窝接入点连接，移动飞蜂窝可看成是室外基站的一个用户单元，而移动飞蜂窝的接入点又可看成是车厢箱内用户的归属基站。

该架构的特点：短期内基础设施建设成本高，但从长远考虑，却能有效改善蜂窝平均吞吐量、频谱效率、能量效率和数据速率。

2）日本提出的蜂窝网络架构

幻影蜂窝（Phantom Cell）：将宏蜂窝和小蜂窝重叠部署，利用低频段提供宽覆盖范围和控制信令交互，并支持移动性，而利用高频段为小蜂窝提供数据通信，即利用 SHF 频段（3 ~ 30 GHz）和 EHF 频段（30 GHz 以上）构建小蜂窝，配置在地铁及公交车等移动体上形成“移动蜂窝小区”或部署在无线热点地区，根据用户的移动性和各蜂窝小区的需求分配无线资源。

幻影蜂窝用到大量新技术，如非正交多址（NOMA）接入技术，将一个时频资源块分配给多个用户，可使无线接入宏蜂窝的总吞吐量提高 50%（在宏蜂窝中采用）。在 SHF 的低频段（6 GHz 以下）部署的小蜂窝采用区域重叠和协作传输多点传输（CoMP）抑制相互干扰，而在 SHF 的高频段（6 ~ 30 GHz）和 EHF 频段部署的小蜂窝采用大规模 MIMO 技术，为多个数据流分别形成定向波束。CoMP 是 LTE-A 系统的核心技术之一，其基本思想是利用不同小区的多个基站协同发送一个终端用户数据或联合接收一个终端用户数据，在提升小区边缘用户频谱效率的同时，降低协作小区间干扰。

2. 未来网络形态和趋势

1）基于云组网技术：

将数据中心置于云平台上，能在任意地点和各种终端方便获取，涉及两个关键技术：

（1）网络功能虚拟化（NFV）：网络功能从传统的与硬件设备绑定改变为基于云计算的数据中心架构，既可在核心网实现，也可在接入网实现，如构建云接入网（cloud-RAN）。

（2）软件定义网络（SDN）：将控制面和数据面分离，其关键包括：① 如何为控制面和数据面实体之间提供一种开放接口；② 外部应用如何调用和控制网络实体。利用这两项技术可实现移动通信网络革命性改变。

2）融入“人”的网络（everything-in-the-loop）

用户行为与需求成为网络的一部分，并影响和改变网络形态和信息传递。

3）“群落化”网络结构

根据用户行为与需求，网络构成一个个类似生物学上的群落，形成逻辑群落，逻辑群落中具有频繁的信息交互。

4）“联邦”自治式网络

固定的物理位置（如写字楼、商场）或相对位置（如车联网）形成物理群落，物理群落具有一定的自主管控能力。

3. 大规模 MIMO 技术

1）MIMO

在收发两端均配置多个天线单元，通过增加天线数量，获得更大的信道自由度（除时域和频域外，增加大量空域自由度）。MIMO 技术是 20 世纪 90 年代末的研究成果，2006 年率先用于 WiFi，随后也用于 3G 系统（WiMAX）。

如果阵元间距满足要求，通过交叉极化和角度配置，能保证信道矩阵统计独立，利用空间维度能实现复用和分集，支持高速数据传输。

MIMO 系统能有效改善传输可靠性、频谱效率和能量效率，在 IEEE802.11n 中，天线配置最多为 4 发 4 收，IEEE 802.11ac 和 LTE-A 中，天线配置最多为 8 发 8 收，在实际应用中，由于移动终端体积、质量、功耗等限制，一般配置 1～2 根天线。

在单用户 MIMO（SU-MIMO）系统中，天线数受限于终端，而在多用户 MIMO（MU-MIMO）系统中，可将多个用户终端天线组合，克服天线数受限的瓶颈；在协作多点（CoMP）系统中，也可通过多个基站协作构建 MIMO 系统。

2）大规模 MIMO（massive MIMO，large-scale MIMO）

收发两端配置多根天线，特别是在基站侧配置大量天线单元，获得空间自由度（DoF），既能实现小区内空间复用（intra-cell spatial multiplexing），也能实现小区间干扰抑制（inter-cell interference mitigation），提高频谱效率和能量效率。

（1）大规模 MIMO 技术优势：

① 提高系统容量、频谱效率和能量效率：大量基站天线能提供丰富的空间自由度，支持空分多址，基站能利用相同的时频资源为数十个移动终端提供接入服务；利用波束形成技术使发送信号具有良好的指向性，空间干扰小；利用天线增益降低发射功率、提高系统能效、减小电磁污染。

② 降低硬件成本，提高系统健壮性：大规模 MIMO 总发射功率固定，单根天线的发射功率很小，选用低成本功放即可满足要求；由于基站天线数量大，部分阵元故障不会对通信性能造成严重影响。

③ 提高数据传输可靠性：波束形成（下行预编码）获得的电波空间指向性能抑制多径效应、阴影效应造成的衰落，降低数据传输差错率。

④ 简化多址接入协议：基于大规模 MIMO + OFDMA，子载波信道增益基本相同，可省略资源调度，减少控制开销；支持 NOMA，基站利用相同的时频资源为特定用户发送分离信号。

（2）设计大规模 MIMO 系统面临的挑战：

① 基站部署大量天线单元，如何降低下行链路信道状态信息估计开销（TDD，信道互易性；FDD，反馈机制）？

② 大规模 MIMO 系统的信道响应矩阵各元素不一定是独立同分布的，即存在相关性和互耦效应（MC），会降低信道容量，且相关信道传输不支持最大比合并（MRC）和最大比发送（MRT），如何解决？

③ 在多小区大规模 MIMO 系统中，小区间导频复用会产生导频污染，如何解决？（设计高效、合理的导频分配机制。）

④ 如何构建信道模型？（非平稳、三维、衰落。）

⑤ 如何设计阵列结构？（共形天线设计。）

4. 空间调制（SM）

设计 MIMO 系统的难点：一是信道间干扰（相关、互耦）问题；二是天线间同步问题；三是大量无线链路造成的体积、成本和功耗问题。

空间调制（spatial modulation）：一种新的 MIMO 技术，利用天线阵列每根天线的空间位置发送部分已编码数据，即发送信号包括信号星座图和天线位置星座图，通过空间复用，提高数据速率。SM 既具有较低的实现复杂度，又不降低系统性能，它是利用简单的调制和编码机制实现低复杂度的收发信机设计和高效的频谱效率。

空间调制原理：将信息比特映射到两个信息载体单元中，一个信息载体单元是在数字星座图中选取的数字调制符号，另一个信息载体单元是由发送天线组成的空间星座图中选择的发送天线序号，如图 8.3 所示。

任何时隙只有一根发射天线处于激活状态：无信道间干扰、无须天线间同步，只需一个射频链路。通过建立天线位置与传输比特之间的对应关系，利用阵元位置承载信息。

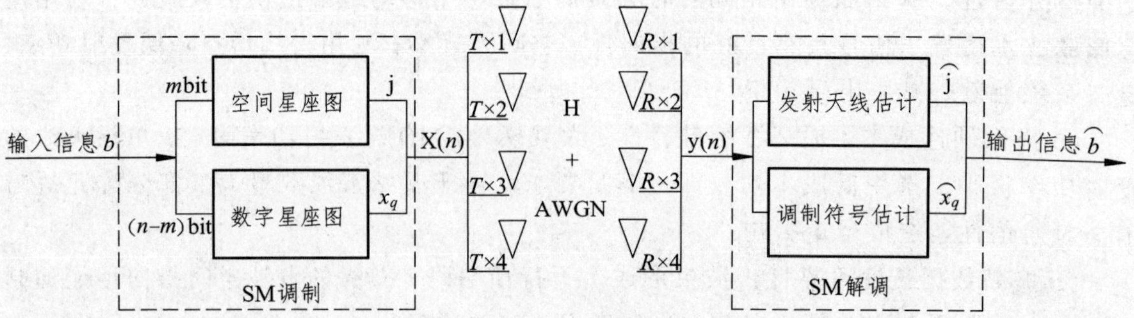

图 8.3　空间调制原理

将发送信号流按照 $\log_2 N_t + \log_2 M$ 比特分组，N_t 为发射天线数，M 为信号星座图中的点数（与调制方式有关）。

每组比特由 SM 映射器分为两部分：$\log_2 N_t$ 和 $\log_2 M$，分别用来选择发射天线空间位置和数字星座图中的符号，在被选天线执行数据发送的时隙其他天线处于静默状态，如图 8.4 所示。

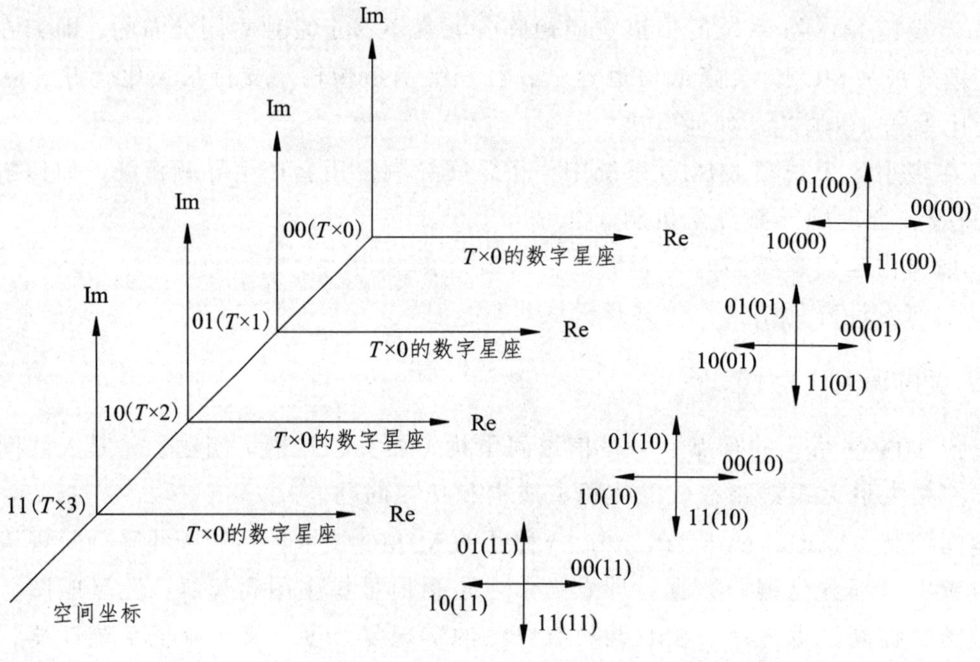

图 8.4　空间调制

5. 同时同频全双工通信

在传统的无线通信系统中，由于存在干扰，在相同频段同时进行接收和发送是不可能的，即电台在相同信道上只能工作于半双工模式，要么发送，要么接收，不能同时收发。

为何同时同频全双工通信难以实现？主要原因是当电台发送信号时，其自身的接收单元能收到部分发送信号功率，由于收发单元之间距离很近，这部分自干扰功率会比期望接收信号功率强得多（高 100 dB 以上），为了避免自干扰，电台只能在同一信道上工作于半双工状态，无法同时收发。

利用自干扰抵消技术，Stanford 大学和 Rice 大学设计了一种带内全双工通信系统。

全双工通信的好处。

（1）增加链路容量。

（2）频谱虚拟化。

（3）任意分双工。

（4）新型中继方案。

（5）简化干扰协调。

6. 毫米波和可见光通信

关于毫米波通信：毫米波频段位于 30 ~ 300 GHz，20 ~ 30 GHz 频段的传播特性相对较好。

毫米波频段一直未用于移动通信的主要原因是：该频段传播特性差，路径损失严重，受环境、气候、温度、湿度、气压等影响大，绕射能力和穿透能力差，加之严重的相位噪声和昂贵的器件成本，该频段仅用于超短距离无线传输，如在 60 GHz 频段构建高速 WiFi——WiGiG，在 28 GHz、38 GHz、71 ~ 76 GHz 和 80 ~ 86 GHz 频段构建超短距离固定无线通信系统等。

但随着半导体技术和工艺的发展和成熟，器件成本和功耗大幅降低，充分利用毫米波频段的主要障碍仅剩下传播特性问题，通过探寻有效的传输技术也能逐渐克。服

路径损失：大尺寸传播模型（Friis 公式），如式（8.1）所示。

$$P_r = \frac{P_t G_t G_r \lambda^2}{(4\pi)^2 d^2 L} \tag{8.1}$$

传输距离不变，频率升高 10 倍（如从 3 GHz 升高至 30 GHz），路径损失增大 20 dB，此外，受气压、雨雾等影响，毫米波频段还会有 15 dB/km 的额外损失。其缺点是传输距离进一步缩短，优点是在高密度异构组网时，可降低对隔离度的要求。

遮挡阻塞：毫米波的反射和绕射能力差，传输环境中存在阻碍物遮挡时会形成阻塞，必须基于 LOS 传输　。

实测结果表明：在 LOS 传输条件下，收发间距离增加 10 倍，路径损失增加 20 dB，而在 NLOS 传输条件下，收发间距离增加 10 倍，路径损失高达 40 dB，且还有 15 ~ 40 dB 的附加阻塞损失　。

斯坦福大学提出的毫米波路径损失模型，如式（8.2）所示。

$$
\begin{aligned}
&PL(d) = PL(d_0) + 10n\log_{10}(d / d_0) + X_{f_c} + X_{RX} + X_{\sigma} \\
&PL(d_0) = 20\log_{10}(4\pi d_0 / \lambda) \\
&n = a - b \times h_{TX} + c / h_{TX} \\
&X_{f_c} = 6\log_{10}(f / 2000),\ f_c > 2\ \text{GHz} \\
&X_{RX} = -10.8\log_{10}(h_{RX} / 2)
\end{aligned}
\tag{8.2}
$$

可见光通信：用 LED 作为信号发射器，用本征光电二极管（PD）或雪崩光电二极管（APD）作为信号接收器。可见光通信既可用作照明，也可同时用于提供宽带无线通信连接。信息由光功率承载，OFDM 光调制在发端基于强度调制（IM），在收端采用直接检测（DD）。

试验表明：单只 LED 能提供 3.5 Gb/s 的数据速率。由于可见光波长较传输距离小得多，所以可见光通信几乎不受快衰落影响。

在可见光通信中，现有的多址接入技术、干扰协调技术等是否可直接移植，尚需验证。

7. 新型多址技术

日本 DoCoMo 提出的 NOMA（Non-orthogonal Multiple Access，非正交多址接入）如图 8.4 所示。单基站、两用户场景，下行链路，基站采用叠加编码同时同频发送两个用户信号，但为不同信号分配不同的发射功率，即 $x = \sqrt{P_1}x_1 + \sqrt{P_2}x_2$。

用户接收信号 $y_i = h_i x + w_i$。

用户 1 靠近基站，其接收信噪比高，执行连续干扰抵消（SIC）算法检测出用户 2 的信号并从接收信号中减去，而用户 1 远离基站，接收信噪比低，不执行 SIC，而是将用户 1 的信号看成背景噪声，此时，信道容量计算如式（8.3）所示。

$$
\begin{aligned}
&R_1 = \log_2[1 + P_1|h_1|^2 / N_{0,1}] \\
&R_2 = \log_2[1 + P_2|h_2|^2 / (P_1|h_2|^2 + N_{0,2})]
\end{aligned}
\tag{8.3}
$$

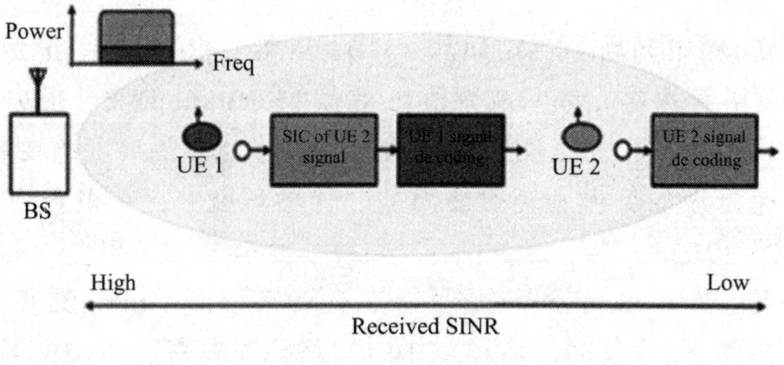

图 8.4 NOMA

而在 OFDMA（正交频分多址，见图 8.5）中，可用带宽正交分配给两个用户，如果功率和带宽都等分配，其信道容量计算如式（8.4）所示。

$$R_1 = \alpha \log_2[1+P_1|h_1|^2/\alpha N_{0,1}], R_2 = (1-\alpha)\log_2[1+P_2|h_2|^2/(1-\alpha)N_{0,2}] \quad (8.4)$$

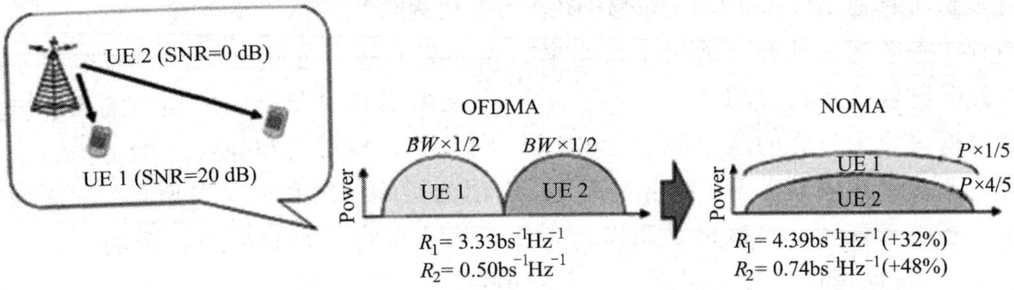

图 8.5 OFDMA

为了进一步提高频谱效率（5G 要求提升 5～15 倍），将 NOMA 与 MIMO 结合：基站生成多波束，每个波束为 2 个用户提供服务；在接收端，采用两种干扰抵消技术：连续干扰抵消（SIC）和干扰抑制合并（IRC），前者用于波束内用户之间干扰抵消，后者用于波束间干扰抑制。

华为 Ottawa 研发中心提出 SCMA(Sparse Code Multiple Access，稀疏码多址接入）。基本思想是对 CDMA 改进：CDMA 作为一种优良的多址接入技术，在发端利用正交或准正交序列对数据符号进行扩展，在收端再利用其正交特性从扩展序列中提取原始数据符号。扩频序列设计是实现 CDMA 的关键，也是影响系统性能和实现复杂度的重要因素。

CDMA 编码器利用给定的扩频序列将一个 QAM 符号扩展为一个复数符号序列，CDMA 调制可看成是将编码比特序列映射为复数符号序列的过程。

可将 QAM 映射器和 CDMA 调制器合并，直接将一组数据比特映射为一个复数向量，该复数向量称为码字（codeword），整个过程实际上就是一个从二进制域到多维复数域的编码过程，这样，CDMA 扩频操作就从传统的序列设计转换为复数多维码字设计。

SCMA 具有如下性质：

（1）基于预定码本集直接将二进制数据编码为多维复数域码字。

（2）为不同用户设计不同码本提供多址接入。

（3）码本中的码字具有稀疏性，多用户检测（MUD）的复杂度可降低。

（4）码本集足够多，码字足够长，既能支持多用户接入，又能获得扩频增益。

8.5 5G 十大应用场景

ITU 定义了 5G 三大应用场景：增强型移动宽带（eMBB）、海量机器类通信（mMTC）及低时延高可靠通信（uRLLC）。eMBB 场景主要提升以“人”为中心的娱乐、社交等个人消费业务的通信体验，适用于高速率、大带宽的移动宽带业务。mMTC 和 uRLLC 则主要面向物物连接的应用场景，其中 eMTC 主要满足海量物联的通信需求，面向以传感和数据采集为目标的应用场景；uRLLC 则基于其低时延和高可靠的特点，主要面向垂直行业的特殊应用需求。结合当前 5G 应用的实际情况和未来发展趋势，主要研究 VR/AR、超高清视频、车联网、联网无人机、远程医疗、智慧电力、智能工厂、智能安防、个人 AI 助理以及智慧园区等十大应用场景。

1. VR/AR（虚拟现实/增强现实）

VR/AR 是近眼现实、感知交互、渲染处理、网络传输和内容制作等新一代信息技术相互融合的产物，新形势下高质量 VR/AR 业务对带宽、时延要求逐渐提升，速率从 25 Mb/s 逐步提高到 3.5 Gb/s，时延从 30 ms 降低到 5 ms 以下。伴随大量数据和计算密集型任务转移到云端，未来“Cloud VR+”将成为 VR/AR 与 5G 融合创新的典型范例。凭借 5G 超宽带高速传输能力，可以解决 VR/AR 渲染能力不足、互动体验不强和终端移动性差等痛点问题，推动媒体行业转型升级，在文化宣传、社交娱乐、教育科普等大众和行业领域培育 5G 的第一波“杀手级”应用。

威尔文教“VR 超感教室”：2019 年北京教育装备展上，北京威尔文教科技有限责任公司展示了“VR 超感教室”。威尔文教将基于“5G+云计算+VR”，打造便捷高效的端到端云计算平台，构建 VR 智能教学生态系统。

华为视频 VR 版：华为在上海发布了全球首款基于云的 VR 连接服务，同时计划在今年下半年会发布一款颠覆性的 VR 终端。通过智终端、宽管道、云应用的 5G 典型业务模式，Cloud VR 将成为 5G 元年最重要的 eMBB 业务之一。

江西 5G+VR 春节联欢晚会：2019 年江西省春节联欢晚会首次采用 5G+8K+VR 进行录制播出。现场观众可以通过手机、PC 以及 VR 头显等多种方式体验观看，尤其是 VR 头显用户可以体验沉浸式观看。

2. 超高清视频

作为继数字化、高清化媒体之后的新一代革新技术，超高清视频被业界认为将是 5G 网络最早实现商用的核心场景之一。超高清视频的典型特征就是大数据、高速率，按照产业主流标准，4K、8K 视频传输速率至少为 12 ~ 40 Mb/s、48 ~ 160 Mb/s，4G 网络已无法完全满足其网络流量、存储空间和回传时延等技术指标要求，5G 网络良好的承载力成为解决该场景需求的有效手段。当前 4K/8K 超高清视频与 5G 技术结合的场景不断出现，广泛应用于大型赛事/活动/事件直播、视频监控、商业性远程现场实时展示等领域，成为市场前景广阔的基础应用。

北京冬奥会赛事 8K 制播：2022 年北京—张家口冬奥会中，将充分利用 5G 开展重大活动、重要体育赛事直播，北京明确了“5G+8K”超高清视频发展方向。产业界将以此为契机，加快推动 8K 超高清的转播/直播落地，助推我国 8K 超高清视频产业发展。

央视春晚 5G+4K/5G+VR 超高清直播：2019 年央视春晚主会场与深圳分会场进行了 5G 4K 超高清视频直播，画面流畅、清晰、稳定，标志着中国电信央视春晚 5G 4K 超高清直播工作圆满完成。

云栖大会 5G+8K 远程医疗模拟：在 2018 年云栖大会上，中国联通、阿里云、京东方等企业创造性地完成了首个 5G+8K 视频技术在远程医疗上的应用展示，标志着 8K 超高清直播技术实现商用成为可能。

3. 车联网

车联网是智慧交通中最具代表性的应用之一，通过 5G 等通信技术实现“人—车—路—云”一体化协同，使其成为低时延、高可靠场景中最为典型的应用之一。融入 5G 元素的车联网体系将更加灵活，实现车内、车际、车载互联网之间的信息互通，推动与低时延、高可靠密切相关的远控驾驶、编队行驶、自动驾驶具体场景的应用。远控驾驶时，车辆由远程控制中心的司机进行控制，5G 用于解决其往返时延（RTT）需要满足小于 10 ms 的要求。编队行驶主要应用于卡车或货车，以提高运输安全性和效率，5G 用于解决满足 3 辆以上的编队网络高可靠低时延要求。自动驾驶的大部分应用场景（如紧急刹车）V2P、V2I、V2V、V2N 等多路通信同时进行，数据采集及处理量大，需要 5G 网络满足其大带宽（10 Gb/s 的峰值速率）、低时延（1 ms）和超高连接数（1000 亿连接）、高可靠性（99.999%）和高精度定位等能力。

北京房山国内首个 5G 自动驾驶示范区：房山区政府与中国移动在北京高端制造业基地打造国内第一个 5G 自动驾驶示范区，建成中国第一条 5G 自动驾驶车辆开放测试道路，可提供 5G 智能化汽车试验场环境。

R&S、华为 5G V2X 测试：华为和罗德与施瓦茨（R&S）合作，在德国慕尼黑开展 5G V2X 通信，用于移动汽车现场测试中的协同驾驶应用，为 5G 应用于远程自动驾驶控制奠定良好基础。

厦门全国首个商用级 5G 智能网联驾驶平台：厦门市交通运输局、公交集团与大唐移动通信设备有限公司签署协议，在厦门 BRT 上建设全国首个商用级 5G 智能网联驾驶平台，推动厦门 BRT 最终实现无人驾驶。

4. 联网无人机

5G 网络将赋予网联无人机超高清图视频传输（50 ~ 150 Mb/s）、低时延控制（10 ~ 20 ms）、远程联网协作和自主飞行（100 kb/s，500 ms）等重要能力，可以实现对联网无人机设备的监视管理、航线规范、效率提升。5G 网联无人机将使无人机群协同作业和 7×24 h 不间断工作成为可能，在农药喷洒、森林防火、大气取样、地理测绘、环境监测、电力巡检、交通巡查、物流运输、演艺直播、消费娱乐等各种行业及个人服务领域获得巨大发展空间。

上海 5G 无人机高清现场直播：搭载 5G 通信技术模组的无人机在上海虹口北外滩，成功实现了一场基于 5G 网络传输叠加无人机全景 4K 高清视频的现场直播。

5G 无人机电力巡检：南方电网广东东莞供电局变电运行专业在全国率先实现“5G 无人机+程序化操作”，由东莞联通提供 5G 网络信号支持，进行电力线设备巡检，变电站设备上的信号灯、字迹在计算机屏幕上均清晰可见。

杭未来研创园 5G 无人机物流：杭州余杭未来研创园已实现无人机利用 5G 网络将摄像头识别的画面传输到后台监控平台规划路径，并依靠 5G 实时视觉识别来确认投放点，完成物流配送。

5. 远程医疗

通过 5G 和物联网技术可承载医疗设备和移动用户的全连接网络，对无线监护、移动护理和患者实时位置等数据进行采集与监测，并在医院内业务服务器上进行分析处理，提升医护效率。借助 5G、人工智能、云计算技术，医生可以通过基于视频与图像的医疗诊断系统，为患者提供远程实时会诊、应急救援指导等服务，例如，基于 AI 和触觉反馈的远程超声理论上需要 30 Mb/s 的数据速率和 10 ms 的最大延时。患者可通过便携式 5G 医疗终端与云端医疗服务器与远程医疗专家进行沟通，随时随地享受医疗服务。

全国首例 5G 远程心脏手术：中国移动、华为协助海南总医院通过操控接入 5G 网络的远程机械臂成功完成了位于北京的患者的远程人体手术——全国首例 5G 网络下实施的远程手术。

5G 智慧医疗联合创新中心：上海市第一医院正在打造 5G 智慧医疗联合创新中心，将涵盖远程查房、区域医学影像中心远程会诊、远程手术教学、远程操作机械臂诊疗等服务。

中日友好医院 5G 室内数字化系统：北京移动携手华为完成了中日友好医院 5G 室内数字化系统部署，为移动查房、移动护理、移动检测、移动会诊等应用提供了 5G 网络环境。

6. 智慧电力

5G 技术将在智慧电力的多个环节得到应用。在发电领域特别是在可再生能源发电领域需实现高效的分布式电源接入调控，5G 可满足其实时数据采集和传输、远程调度与协调控制、多系统高速互联等功能。在输变电领域，具有低时延和大带宽特性的定制化的 5G 电力切片可以满足智能电网高可靠性、高安全性的要求，提供输变电环境实时监测与故障定位等智能服务。在配电领域，以5G网络为基础可以支持实现智能分布式配电自动化，实现故障处理过程的全自动进行。在电力通信基础设施建设领域，通信网将不再局限于有线方式，尤其在山地、水域等复杂地貌特征中，5G网络部署相比有线方式成本更低，部署更快。

河南高压变电站5G测试站：在国网河南省电力公司与河南移动的密切配合下，国内首个500 kV级以上高压/特高压变电站5G测试站在郑州官渡变电站建成投入使用，通过5G网络成功实现了变电站与省电力公司的远程高清视频交互。

广东5G智慧电网试点：在广州举行的中国移动全球合作伙伴大会开幕日，广东移动与南方电网、中国信息通信研究院、华为共同启动了面向商用的5G智慧电网试点。目前，已开展的智慧电网探索包括分布式配网差动保护、应急通信、配网计量、在线监测等方面。

江苏5G电力切片测试：中国电信江苏公司、国网南京供电公司与华为公司在南京成功完成了全球首个基于5G SA网络的电力切片测试。测试证实切片具备安全隔离性，能够实现电网对于负荷单元毫秒级精准管理的业务需求。

7. 智能工厂

在工业互联网领域，5G独立网络切片支持企业实现多用户和多业务的隔离和保护，大连接的特性满足工厂内信息采集以及大规模机器间通信的需求，5G工厂外通信可以实现远程问题定位以及跨工厂、跨地域远程遥控和设备维护。在智能制造过程中，高频和多天线技术支持工厂内的精准定位和高宽带通信，毫秒级低时延技术将实现工业机器人之间和工业机器人与机器设备前所未有的互动和协调，提供精确高效的工业控制。在柔性制造模式中，5G可满足工业机器人的灵活移动性和差异化业务处理的高要求，提供涵盖供应链、生产车间和产品全生命周期制造服务。在智能工厂建设过程中，5G可以替代有线工业以太网，节约建设成本。

5G三维扫描建模检测系统：浙江移动通过与杭汽轮集团合作，建立了5G三维扫描建模检测系统。该系统使得检测时间从2～3天缩短到3～5 min，在实现产品全量检测的基础上还建立了质量信息数据库，便于后期质量问题分析追溯。

5G航天云网接入试验：贵阳市5G实验网综合应用示范项目已完成5G创新实验室对航天云网的平台接入，通过5G网络将海量工业设备信息以超低时延实时上传到云端，实现对整个生产制造过程及设备状态情况进行实时监测。

大众5G微缩汽车流水线：德国大众公司展示了一条基于5G技术的微缩汽车组装流水线。与现有的随机监测相比，这种生产方式的准确性和可靠性大幅提升。

8. 智能安防

视频监控是智能安防最重要的一个组成部分，5G超过10 Gb/s的高速传输速率和毫秒级低时延将有效提升现有监控视频的传输速度和反馈处理速递，将使智能安防实现远程实时控制和提前预警，做出更有效的安全防范措施。安防监控范围将进一步扩大，获取到更多维的监控数据。使公交车、警车、救护车、火车等移动的交通工具上的实时监控成为可能，森林防火、易燃易爆品等监管人员无法接近的危险环境开展监测的成本将大幅下降。在家庭安防领域，5G将使单位流量的资费费率进一步下降，将推动智能安防设备走入普通家庭。

南昌智能视频云监控：江西电信、华为公司、云眼大视界携手在南昌新建区丽水佳园完成了江西省内首个5G网络环境下的智能视频云监控实验点。借助5G网络，智慧云眼通过人脸、车牌识别、分析功能，可实现小区进出人员、车辆的识别。

新松5G智能巡检机器人：沈阳新松与辽宁移动共同建立的5G创新技术联合创新中心开展了基于5G环境下智能巡检机器人设备的测试和验证，调试完成后将被应用在华晨宝马、新松、沈阳机床等工业企业厂区巡检、园区巡逻等领域。

广州5G公交实时监控：广州新穗巴士有限公司在广州国际投资年会上展示了5G公交实时监控。展出的样车，实现了全车六路720P高清制式视频实时监控，具备了人脸图像采集、实时比对分析、实时自动报警提示的功能。

9. 个人AI设备

5G时代将有更多的可穿戴设备加入虚拟AI助理功能，个人AI设备可借助5G大带宽、高速率和低延时的优势，充分利用云端人工智能和大数据的力量，实现更快速精准的检索信息、预订机票、购买商品、预约医生等基础功能。另外，对于视障人士等特殊人群，通过佩戴连接5G的AI设备能够大幅提升生活质量。除了消费者领域外，个人AI设备将应用在企业业务中，制造业工人通过个人AI设备能够实时收到来自云端最新的语音和流媒体指令，能够有效提高工作效率和改善工作体验。

导盲头盔：华为META通过云端智能控制终端DATA实现头盔与云端平台之间的连接，可为视力障碍人群提供人脸识别、物体识别、路径规划、避障等服务。

虚拟键盘：NEC公司推出利用新型增强现实（AR）技术的ARmKeypad，允许用户借助头戴式眼镜设备和手上佩戴的智能手表来使用虚拟键盘。

智能手表：Apple、华为等主流智能手表厂商纷纷瞄准5G，积极集成各类5G应用如AR、AI监护等到新智能手表产品中。

10. 智慧园区

智慧园区是指运用信息和通信技术感测、分析、整合城市运行核心系统的各项关键信息，对民生、环保、公共安全、城市服务、工商业活动在内的各种需求做出智能响应。在5G时代，利用5G高速率、低时延、大连接的特性，将智能工厂、智慧出行、智慧医疗、智慧家居、智慧金融等多种应用场景融于园区中，为园区中的人创造更美好的工作和生活环境，为园区产城融合提供新的路径。

杭州新天地5G智慧园区：2019年3月21日，“创见·未来杭州新天地5G战略合作签约仪式”在杭州新天地举行，宣告浙江首个华为——联通5G智慧园区正式落户杭州新天地。

河南5G智慧物流园区：2019年4月7日，传化智联携手中国电信、华为科技、河南省工业和信息化厅签订战略合作协议，推动河南首个5G智慧物流园区——传化物流小镇5G智慧物流园区建设，预计明年将投入试运营。

首钢5G智慧园区：2018年10月，中国联通和首钢集团在首钢园区举行战略合作伙伴签约仪式，双方将携手把首钢园区打造成国内首个5G示范园区，并在建设5G产业园区、奥林匹克文化推广、冰雪运动发展等方面展开战略合作。

从目前来看，5G应用有如下规律：

（1）5G应用首先从eMBB类场景开始，逐渐向uRLLC和mMTC类场景渗透。

（2）5G应用未来的主要市场将面向垂直行业应用，跨界融合是5G的“必修课”。

（3）5G应用时间与网络部署进度、垂直行业发展情况、国家政策推动密不可分。

（4）5G应用中VR/AR、超高清视频、联网无人机等应用是基础型应用，其他应用场景多是以上三者的叠加态。

总而言之，5G网络具有大带宽、低时延、高可靠性、广覆盖等“天然”特性，结合人工智能、移动边缘计算、端到端网络切片、无人机等技术，在VR/AR、超高清视频、车联网、无人机及智能制造、电力、医疗、智慧城市等领域有着广阔应用前景，5G与垂直行业的“无缝”融合应用必将带来个人用户及行业客户体验的巨大变革。

参考文献

[1] 邬贺铨. 大数据时代的机遇与挑战[J]. 求是，2016（04）.
[2] 陈纪英. 大数据革命：信息时代寻宝指南[J]. 中国新闻周刊，2013（03）.
[3] 冯伟. 大数据时代面临的信息安全机遇和挑战[J]. 中国科技投资，2015（34）.
[4] 黄哲学，曹付元，李俊杰，等. 面向大数据的海云数据系统关键技术研究[J]. 网络新媒体技术，2015（06）.
[5] 闫成印. 物联网带动大数据发展[J]. 互联网天地，2015（11）.
[6] 周明. 物联网应用若干关键问题的研究[D]. 北京：北京邮电大学，2015.
[7] 孙运雷. 物联网服务质量动态保障方法研究[D]. 北京：北京邮电大学，2015.
[8] 蒲海涛. 物联网环境下基于上下文感知的智能交互关键技术研究[D]. 济南：山东科技大学，2015.
[9] 刘旸. 物联网中多层/跨层接入管理关键技术[D]. 大连：大连理工大学，2014.
[10] 王军平. 基于物联网的服务提交关键技术与系统的研究[D]. 北京：北京邮电大学，2015.
[11] 何文娜. 大数据时代基于物联网和云计算的地质信息化研究[D]. 长春：吉林大学，2014.
[12] 车江辉. 我国物联网产业发展的问题与对策研究[D]. 北京：首都经济贸易大学，2014.